かに死んでみせるか

最期の言葉と自分——

弘兼憲史

廣済堂新書

はじめに

近年、「終活」という言葉が話題になっています。

「終活」とは自分の人生の終わりをできるだけ良きものにするために、まだ元気なうちにしっかりと準備を行うことです。

延命治療の拒否、葬式の仕方、自分が入る墓の用意、遺産相続でもめないための遺言、なかには自分の身の回りの荷物の整理まで始めた人もいるようです。また、それらを証拠として残すためのエンディングノートも売れています。

これらは、高齢になった人たちが、自分の最期をできるだけ自分で清算し、子供たちや家族に迷惑をかけずに自分の最期を決めるということがあたりまえになってきたということでしょう。

しかし、それだけで本当に十分でしょうか。

実は、一つ、足りないものがあります。

死を目前にした時の言葉です。それは、「あれが最期の言葉だった」という形で、遺された者たちによって語られていきます。

だとすれば、自分の死を悟った時、看取る家族にいったいどんな言葉を遺すべきなのでしょうか。

「最期の言葉」をテーマにした本はいくつか出ています。大抵は歴史上の人物の辞世の句や有名人が遺した最期の言葉を集めたもので、それはそれで非常に興味深いものがあります。

しかし、それ以上に興味があるのが、無名の人々が遺した最期の言葉です。有名人の場合は、その言葉が語り継がれますから、かなり自分の名誉なり体裁なりを意識したものになることが少なくないとも言えます。

では、市井《しせい》の人たちは、いったいどんな最期の言葉を遺したのか。そこには実感のこもった言葉や、その人の人柄や人生が偲《しの》ばれる言葉がたくさんあるのではないか。本書の企画はそんな興味もあって、始まりました。

そこで、有名、無名を問わずさまざまな人々が遺した最期の言葉や遺書の類を集めてみると、その言葉には、いくつかのパターンがあることに気づきました。

たとえば、悲しい別れなのに、思わず微笑んでしまう言葉もあれば、感動する言葉もあります。もちろん、感謝の言葉もありました。なかには、「ああ、そうだったのか。あれが、最期だったね」という言葉もありました。それも、今回は、大事な言葉として収録しました。

すると、不思議なことに、会ったこともない人が遺した短い言葉であるにもかかわらず、その人がどんな方だったのか、どんな思いで生きてきたのかがわかって涙がこぼれそうになったり、親しみを覚えたりすることが多々ありました。

それは、きっと、その人たちの最期の言葉が、まだこの世に生きているからだと思います。

僕は、前回、50歳を超えて残りの人生をどう生きるべきかをテーマに、『50歳からの「死に方」』（廣済堂新書）という本を書き、思いがけない反響をいただきました。この本は、その続編です。

さまざまな「最期の言葉」に接することで見えてきたのは、その人の「死にざま」であると同時に「生きざま」です。どのように死ぬかは、どのように生きたかの延長線上にあります。

そのことを意識しながら、自分はどんな最期の言葉を遺すのか、としばし自問してみるのも、人生にとって意味のあることではないでしょうか。

なお、本文中に出てくる一般の人たちの最期の言葉はすべて事実に基づいていますが、お名前は一部を除き、仮名とさせていただきました。

いかに死んでみせるか
――最期の言葉と自分――

目　次

第二章　「しみじみ、グッドバイ」編

「帰ろうよ、ねえ、帰ろうよ」　98

「僕は負けたのか。これでもうすべてが終わりだね」――グレート金山　99

「きつかった！」――服部海斗　100

「晋どん、もうここらでよか」――西郷隆盛　101

「頑張ってみるよ」　102

「もう、いいよ」　103

「わがった。大丈夫だがら」　104

「あわてるな、あわてるな」――高倉健　105

「大統領にも、さよならと伝えて」――マリリン・モンロー　107

「風さそう　花よりもなお　我はまた　春の名残りを
　いかにとやせむ」――浅野内匠頭　108

「これで、おしまい」――勝海舟　109

「今日も暑くなりそうね。こんな暑い日にお葬式を出すと、
　来てくださる方に迷惑ね」――いわさきちひろ　110

「がんで死んだ顔は家族以外に見せたくない。

第三章 「最期にありがとう」編

第四章 「そうか、あれが最期の言葉」編

第五章 「言葉にならない最期の言葉」編

第六章　死ぬ時に後悔しないために

終章　僕が好きな最期の言葉

序章

スティーブ・ジョブズの最期の言葉

なぜ、人は最期に言葉を残すのか

古今東西の偉人や有名人の「最期の言葉」を目にしていると、ふと、こんな疑問が浮かびました。

これらの人は、なぜ「黙って死ななかったのか」ということです。

ゲーテは、「もっと光を！」と言い残し、シーザーは、暗殺者の一団のなかに、自分の片腕と信じていた男を見つけた時、「ブルータス、お前もか」と叫んだそうです。

また、フランス革命で処刑されたマリー・アントワネットは、ギロチンにかけられる前、死刑執行人の足を踏んでしまった際に「ごめんなさいね。わざとではありませんのよ。でも、靴が汚れなくてよかった」と言ったといわれています。さすが貴婦人、と言うべき最期の言葉です。

日本でも、辞世の句が必ずと言っていいほど残されていて、西行《さいぎょう》の「願はくは花の下にて春死なむ　そのきさらぎの望月のころ」は、芭蕉《ばしょう》の「旅に病んで夢は枯野をかけめぐる」とともに、特に有名です。

高杉晋作の辞世の句「面白きこともなき世に面白く　住みなすものは心なりけり」は、病床の苦しみのなかで「面白く……」まで詠んだが息が続かず、後半は傍らに座っていた僧侶が詠み、晋作はそれを聞き、「おもしろいなぁ」と言ったあと息をひきとったといいます。

また、大泥棒の石川五右衛門《ごえもん》も真偽のほどはたしかではありませんが、釜茹《かまゆ》での刑になる直前、黒山の見物人の前で「石川や浜の真砂は尽きるとも　世に盗人の種は尽きまじ」と大声で、辞世の句を詠んだということになっています。

現代人では、ある死刑囚がこんなことを言っています。「どうか皆さん、僕の冥福を祈って、成仏できるように助けてください」。横浜で母子を殺害した犯人の最期の言葉ですが、かなり図々しいと思いませんか。また、今田勇子という偽名を使った連続幼女誘拐殺人事件の犯人は、死刑の直前、まったく反省の色もなく「あのビデオ、まだ途中なのに……」と言ったのが、最期だそうです。

このように、いろいろな人が、亡くなる前に、実に、さまざまなことを言っています。では、なぜ、人は、最期に言葉を残すのでしょうか。

人間は、生きていた証を残したい動物？

それは、きっと、死によって自分の存在をこの世から完全に消し去ってしまいたくない、という潜在的な願望があるからなのではないでしょうか。

その証拠に、「自分のことは、この世にいなかったことにして、きれいさっぱり忘れてくれ」というようなことを言った人間はきわめて少数のようです。

やはり、この世に生まれた以上、自分という人間が、この世に存在していたということを、言葉として、あるいは何かの形として、どこかに残しておきたいのではないでしょうか。お墓などはその典型です。

多くの作家や漫画家も同じだと思います。

たとえば、ある漫画家が絶海の孤島に一人で暮らしていたとして、いよいよ死ぬことがわかったら、きっとそれなりの漫画を描くと思います。

何のために描くかと言えば、のちに自分を発見してくれた人のために、この島に一人の漫画家が生きていたことを知ってほしくて描くわけです。

広大な宇宙空間のなかを漂うことになったとしても、どこかの星の宇宙船に拾われて、「ああ、こいつは地球という惑星からやってきたのだ」ということを、見つけてくれた宇宙人にわかってもらいたい……。

極端なことを言えば、人間という生物は、自分がたとえ宇宙のゴミになったとしても、後世に何かを伝えたい、自分が生きた証《あかし》を残したいものなのではないかということです。

ただ、問題は時間です。自分の死の前に、そうした言葉を残せる余裕や時間があるかどうか、そこが大きな分かれ目でしょう。

突然の事故死や急に苦しくなって亡くなった突然死のような場合には、言葉を残したくても残せない。最期の言葉どころではありませんから。

まわりに人がいるから、言葉を残す

また、死に際の、自分のまわりの環境も重要です。

臨終の床にあっても、孤独死の場合のように、まわりに誰も人がいなければ、最期の言葉もありません。

こういう場合でも何かをつぶやく方は意外に多いのではないかと思いますが、聞いてくれる人がいませんから、最期の言葉としては残りません。

僕は、父や父の兄弟が結核にかかっているので、よく冗談で、「小雪の降る日に急に胸が苦しくなって、橋の欄干にもたれかかり、そこで激しい喀血《かっけつ》をして、白い雪に真っ赤な血を吐きながら崩れ落ちて誰にも看取られないまま息絶えるのが夢だ」なんて言うのですが、これでは、きっと言葉は何も残せませんね。

ということは、病室のベッドに横たわり、白い天井を見つめながら。これまで生きてきた人生を振り返り、また、朝が来れば、家族が見舞いに来てくれるという環境のなかで死までの時間を過ごす人間は、十分に考え抜いた最期の言葉を発することができます。

つまり、死までに十分な余裕があり、やがて本当に死が近づいた時に、まわりに誰かがいてくれる人が最期の言葉を残せる人で、言葉を残せる人は、ある意味、幸せと言っていいのかもしれません。

そうした言葉を残した人の代表として、僕は、この本のなかでまず、スティーブ・ジョブズの最期の言葉を挙げたいと思います。

言うまでもありませんが、スティーブ・ジョブズはアップル社を創業し、25歳で「フォーブス」の長者番付に載った、世界でも指折りの成功者です。と同時に、その凄まじいまでの発想力と実行力で、単にビジネスの成功者というだけにとどまらず、私たちのライフスタイルをも変えてしまった革命児です。

毀誉褒貶《きよほうへん》相半ばするジョブズですが、何十年に一人という傑出した人物であったことは間違いないでしょう。

しかし、そのジョブズも2011年10月5日、すい臓がんのため、56歳の若さで亡くなってしまいます。

彼は、病床でしみじみと自分の来し方行く末を考え、いよいよ、死が近づいたことを察知し、その結論として後世に残した最期の言葉は次のようなものでした。

「死ぬ時に富は持っていけないが、愛は持っていける」

——スティーブ・ジョブズ

私は、いわゆるビジネスの世界では、成功の頂点を極めたと言えるかもしれない。たしかに、他の人からは私の歩んできたこれまでの人生は、典型的な成功の縮図に見えるに違いない。

しかしながら、仕事以外では、実に、喜びの少ない人生だったと言えよう。しかも、こうして人生の終わりになってみれば、私がこれまでに積み上げてきた多額の富など、私の人生のなかの単なる一つの事象でしかない。

こうして病室のベッドで横たわっていると、これまでの人生のさまざまなシーンが次々と蘇り、そのたびに、私がこれまで誰よりもプライドを持っていた地位とか名誉や富は、迫りくる死を目前にして色あせていき、今や、ほとんど何も意味をなさなくなってきている。

この暗闇のなかで、生命維持装置の緑のライトが点滅している。そして、機械的な音だけが聞こえてくる。

ああ、神の息吹を感じる。死がだんだん近づいてくる。

今、やっと気がついたことがある。

もし、あなたが残りの人生を不自由なく暮らしていけるだけのお金があるならば、富をそれ以上求めるのではなく、他のことを追い求めたほうがいい。

お金を稼ぐことよりも、もっと大切なことをやりなさい。

それは、もしかしたら、特定の人と親しくなることかもしれない。ひょっとしたら、芸術との出会いかもしれないし、若い頃から持ち続けていた夢の実現かもしれない。

ただ言えることは、飽くなき富の追求は、人を歪《ゆが》ませてしまうということだ。私のようにね。

私は、今思う。

神は、どんな人に対しても、富の有無に関係なく、愛そのものを「感じる力」を与えてくださっている。

私が勝ち取った多額の富は、私が死ぬ時に一緒に持っていけないが、愛は持っていける。

私が今、死とともに持っていけるものは、愛に溢《あふ》れた思い出だけなのだ。

これこそが、本当の豊かさであり、いつもあなたに生きる力を与え、あなたの道を照らしてくれるものなのだ。

愛ある思い出をつくりなさい。

愛さえ持っていれば、何千マイルも超えて旅をすることもできる。

人生に限界はない。

望むところ、行きたいところに行きなさい。やりたいことをやりなさい。

すべてはあなたの心のなかに、握りこぶしのなかにあるのだから。

そうそう、世の中で一番高価なベッドって、どんなベッドか知ってるかい?

病床(シックベッド)だよ。

あなたのために、運転手を雇うこともできるけれど、あなたの代わりに病気になってくれる人はいない。

物も紛失しても、代わりのものは見つけられる。

しかし、一つ、なくなってしまっては再び見つけることができないものが、この世の中にある。

あなたの命だ。

手術室に入るとき、その病人はまだ読み終えていなかった本が一冊あったことに気づくんだ。その本の名前は、「健康な生活を送るための本」。

あなたの人生がどんなものであっても、誰もがいつか、自分の人生の幕を下ろす日が必ずやってくる。

その日のために、今からでも遅くない。あなたの家族に愛情を注いであげよう。あなたのパートナーのためにも、友人のためにも。

そして、最後にあなたに。

自分を大切に。他人にやさしく。

追伸
ティム・クック（アップル社の後継者）へ。

「スティーブならどうするだろう？」と考えるな！

約8600億円の遺産を残し、誰が考えても人生の成功者のように思われたスティーブ・ジョブズが「喜びの少ない人生」だったと誰が想像したでしょうか。

「私が勝ち取った多額の富は、私が死ぬ時に一緒に持っていけないが、愛は持っていける。私が今、死とともに持っていけるものは、愛に溢れた思い出だけなのだ」

深い言葉ですし、誰でも考えさせられるものがあると思います。

最期の言葉には、その人がどんな生き方をしてきたか、そして、死期を悟った時、どう思ったかが、スティーブ・ジョブズの遺言のように、はっきりと見えてくることもあります。

そうした言葉を知ることが、あなたに何か大切なものを与えてくれるに違いありません。

それは、どんな人の、どんな時の言葉なのか――。

それでは、ここから、有名、無名を問わず、多くの人たちの死の床から発せられた「最期の言葉」にふれていきましょう。

第一章

「笑って、さようなら」編

――「どいつも、こいつも、まずい面だ」

悲しみのなかのユーモア

「死の床」は、非常に悲しいと同時に、荘厳な場面でもあります。

そんなシーンだからこそ、僕はユーモアが大事だと思います。まわりに集まってくれた人たちに、微笑みを与えられる、そんな言葉を言えたら、どれだけその場の雰囲気も和むことでしょう。

ただ、実際に最期に人を笑わせるというのは、むずかしいと思います。

なぜなら、たとえ、人が思わず笑ってしまうような言葉を事前に考えていたとしても、いざ、死を迎えた時、体力は限界を迎えているわけですから、そこでユーモア精神を発揮するのは大変なことだからです。

ですから、今回は、笑わせるつもりはなかったけれど、思わずまわりが和んだひと言も含めて、「笑って、さようなら」の言葉を集めてみました。

一つひとつ、状況を思い浮かべながら読んでいくと面白いと思います。

「ああ、おいしい！」

横浜市大名誉教授で法医学の権威、西丸與一《よいち》さんという有名な先生がいらっしゃいます。

かつて『法医学教室の午後』（朝日新聞出版）というベストセラーをお書きになったお医者さんですが、日航機御巣鷹山《おすたかやま》墜落事故や坂本弁護士一家殺人事件でも、監察医として活躍された方です。

この西丸先生のお母さんがお亡くなりになった時の話が、神奈川新聞の「わが人生」という連載に掲載されていました。

先生がお母さんを亡くされたのは、1976年の夏だったそうです。

毎日の暑さがお母さんの寿命を縮めたのかもしれません。

お母さんは、その日、病室にいた家族にどういうわけか、「うなぎとアイスクリームを食べたい」と言って聞かない。

普段はそんなわがままなことを一切おっしゃらないお母さんが言うのですから、やむを得ず、ご家族がうなぎの蒲焼とアイスクリームを用意すると、それをほんの少しずつ食べて「ああ、おいしい！」とうれしそうに言ったのです。

それから少し休んだら、大きな息づかいになり、眠るように昇天したといいます。

「家の者も全員そろっていたし、一同が見守るなかでの、これはうらやましい往生であった」

と、先生は、お書きになっています。


「ああ、おいしい！」とおっしゃった先生のお母様の笑顔が浮かびます。それだけで、まわりは和んだことでしょう。

最期に、おいしいものを召し上がって亡くなる方は、意外に多いようです。こんな方もいらっしゃいます。

「次は、ステーキが食べたい」――阿川弘之

『雲の墓標』という代表作で知られる作家、阿川弘之さん。というより、タレントでエッセイスト、阿川佐和子さんのお父さんといった方がわかりやすいかもしれません。

その阿川弘之さんが亡くなられたのは、2015年の8月のことでした。

阿川さんは数年前より体調を崩し、都内の老人病院に入院されていたのですが、最期まで頭はしっかりとしていたようです。

特に、食事にはうるさく、ビールや日本酒を飲みながら、好物のうなぎやすき焼きを召し上がっていらしたと言います。

そんな阿川さん、亡くなる前日も佐和子さんがお見舞いに行き、食いしん坊の父のため、佐和子さんが持って行った好物のローストビーフを出すと、3枚ぺろりとたいらげ、「次は、ステーキが食べたい」とにんまりして言ったそうです。

そして、翌日の午後、突然、消化器官の上部から出血、やがて呼吸困難に陥り、その

晩遅くに亡くなられました。95歳でした。

まさに、「最後の晩餐」の翌日に亡くなったわけですね。

最期までこれだけの食欲があるだけでもすごいことですが、「次は、ステーキが食べたい」とにんまりしたというのが、何ともユーモアのあるお人柄を表していると思います。

亡くなられた後、その顔を思い浮かべるだけで遺族は和むものがあると思います。

「チキンラーメンが食べたい」——愛新覚羅溥儀

最期の言葉が食べ物のことだったという話をもう一つご紹介しましょう。

映画『ラストエンペラー』で有名な、中国・清朝最後の皇帝で、のちに満州国皇帝となった愛新覚羅溥儀《あいしんかくらふぎ》の最期の言葉も、食べ物のことでした。

溥儀は第二次世界大戦終了後、日本に逃れる直前にロシアに捕まり、戦犯として収容所生活を長い間送ったのですが、９年後に模範囚として釈放されました。

そして、戦後、一般市民として北京植物園の庭師兼掃除師として働いていたのですが、晩年がんを患ったため、周恩来の世話で北京市内の病院に入院することになりました。

ところが、中国は当時、文化大革命の真っ最中。紅衛兵《こうえいへい》が猛威をふるった時代で、日本の傀儡《かいらい》国であった元満州国皇帝の治療などしたら何を言われるかわからないと、治療をしてくれる医者がいません。結局、そのまま満足な治療を受けることもなく１９６７年、61歳で波乱万丈の人生を終えたのですが、他界する直前に、こう言ったといわれています。

「日本のチキンラーメンが食べたい！」

日清のチキンラーメンは、１９５８年に日清食品の創業者、安藤百福《ももふく》さんによって発明され、たちまち人気になった即席ラーメンの元祖です。溥儀もどこかでこれを食し、その味が忘れられなかったのでしょう。

たしかに、一度食べたら癖になりますからね。日本人としては、溥儀が持ち続けていた日本に対するある種の憧れのようなものも感じられ、思わず微笑んでしまうような言葉です。

「里谷正子、28歳です」――今いくよ

上方の人気漫才コンビ「今いくよ・くるよ」の痩せているほうの「いくよ」さんは、2015年5月に、胃がんで亡くなられました。

「私たちは高校時代、ソフトボール部で、私がピッチャーでエース、くるよちゃんは、キャッチャーでロース」

なんてギャグでお客さんを笑わせていましたが、本当は、いくよさんがセンターでキャプテン、くるよさんはマネージャーだったそうです。

そのいくよさんが体調を崩されたのは、亡くなられる1年前。病院で検査をしたところ、腹部のしこりから、胃がんが発見されたようです。

それから手術をして、1回は舞台に復帰したのですが、やはり、再発。再入院ということになりました。

亡くなる3日前のことです。

いくよさんは、病室で看護師さんから声をかけられました。たまたま相方のくるよさんもお見舞いに見えていました。看護婦さんは、確認のため、こう、聞きました。

「里谷さんですね」

里谷は、いくよさんの本名です。

いくよさん、その時、看護師さんに向かって、咄嗟にこう答えたそうです。

「はい、里谷正子、28歳です」

実際は67歳でしたから、聞かれてもいない年齢を40歳ほど若く言い、看護師さんを思い切り笑わせたようです。

「ナイスギャグ」と、くるよさんが褒めると、いくよさんもニコッと笑ったと言われています。

これが名コンビだった二人が交わした最後の言葉になりました。

最期まで、人を笑わせようとした女性漫才師の根性を見たような気がします。

もともと関西では、話に必ずオチをつけるくらい、普段の会話からしてユーモアは欠かせないのですが、体力が落ち、激痛に襲われるなか、それでもユーモアを忘れなかったいくよさんに敬意を表したいと思います。

「ハイジン、ハイジン」

やはり、普段から面白いことを言っている人は、病気になっても頭のなかでは、ギャグを考えていたりするものらしい。これは、私の友人から聞いた話です。

友人の職場の先輩に、とても落語が好きな、田村幸雄さんという方がいらっしゃった。この方、何度目かの入院をされて、しばらくして、娘さんに「どうしても逢いたい人がいるから、病室に呼べ」と言うんだそうです。

その相手は、田村さんが可愛いがっていた若手の落語家でした。

でも、その噺家《はなしか》さんは結構売れっ子だったので、なかなか見舞いに行けません。ようやく時間をつくり見舞いに行くと、もともと小太りだった田村さんが病気のせいで以前に比べて驚くほどやせていた。ベッドのまわりに脈拍数や血圧をはかる機械が用意されていたのだそうです。

それでも噺家さんの顔を見ると、田村さん、いきなり「田村幸雄とかけまして」と謎解きを始めた。驚いた噺家さんが「はい、田村さんとかけて、何と解く」と応じると、田村さんは「小林一茶と解く」と。「その心は……」で、田村さんは言いました。

「ハイジン、ハイジン」

俳人と廃人を掛けて、自分はもう廃人になってしまったという自虐ギャグ。うまいのですが、相手の状態が状態なだけに、どうにも笑えません。

咄嗟《とっさ》に噺家さん、「では、お返ししましょう。田村さんとかけまして、ろうそくと解きます、その心は……」

「身を細めてもまわりを明るくするでしょう」

と返した。すると、田村さん、こう言ったんだそうです。

「おい、考えてきたろ、考えてきたろ」

田村さんの脈拍が上がり、そばにいた医者が噺家さんに言いました。

「すみません、帰っていただけませんか」

それから数日後、田村さんは亡くなられました。噺家さんは田村さんを笑わせようと思ってしたことなのに、余計なことをしたんじゃないかと複雑な心境だったと思います。

面白いことを言う人は、どこに居ようと、何を言おうか予《あらかじ》め考えているわけですね。そして、そのギャグをわかってくれる人を呼んだ。ところが、相手はプロですから見事に一本返されて、自分が考えた挙句のギャグだっただけに悔しくて、「お前も考えてきたろ」となったわけです。

最期の言葉は、病室で生まれることが多いと思います。その時の相手があなたになる可能性もありますから、お見舞いに行く時は、相手の気分が良くなって、いい言葉が聞けるような配慮が必要かもしれません。

「間が悪い！」――6代目尾上菊五郎

歌舞伎の世界では、こんな話が残されています。

名人と言われた6代目尾上《おのえ》菊五郎が亡くなる時の話です。

弟子たちが病室のベッドのまわりに集まり、静かに名人の最期を見守っていました。

ふと、目をあけた菊五郎丈《じょう》（歌舞伎の世界では、役者の名前の下に「さん」ではなく、「丈」をつけます）、あたりを見回し、小さな声で「それじゃあ」と言って、目を瞑《つむ》りました。

亡くなったと思った弟子の一人が、布団に抱きつくようにして「ワーッ」と大声で泣き出します。

すると、菊五郎丈は再び目を開け、

「間が悪い！　お前は昔から間が悪いんだよ」

と怒ったと言います。そして、しばらくして息を引きとったそうです。

菊五郎丈は日本俳優学校を創設したことから、掛け声は「校長先生！」。最期まで、弟子に「間」の取り方を教えたことになります。6代目尾上菊五郎丈は没後、歌舞伎役者としては初の文化勲章を受章されました。

この話で思い出しましたが、僕は、こういうシーンで、一度、死んだふりをしてみたいですね。

ベッドのまわりで心配そうに見守られるなか、一度死んだ演技をして、反応を見るのです。

「わーっ」と周囲が泣き崩れてくれたら、「まだだよ、まだ」と言って、目を開けて周囲を煙《けむ》に巻くなんてことをやってみたいですね。

でも、うまくいくとはかぎりません。

「あっ、死んだ。意外にあっさり逝っちゃったね」とか、「やれやれ、逝きましたね。はい、皆さん、ご苦労さま。いったん解散しましょう。あとは葬儀屋さんに頼んでおいたから」なんて声が聞こえたら、目を開けられなくなりますから。

実際その場になってそんな余裕があるかどうかは疑問ですけどね。

「フーッ」——三戸サツヱ

実は、同じような話が宮崎でありました。

宮崎の南部に、幸島《こうじま》というところがあります。その島は、何百匹という野生のサルが棲息していることで有名な島です。

そこで、サルの研究を長い間続けていた三戸サツヱさんという先生の話です。

先生は、小学校の教師をしながら、サルの調査を続け、島のサルを見れば、この子は誰々の子と、すべてのサルの親子がわかるほどでした。

でも、そんな先生にも最期の時がやってきました。

いよいよとなり、サツヱさんが息をしなくなって医師が「ご臨終です」と言ったので、ずっとベッドに付き添っていた娘の水無子さんは、ワーッと声を出して泣き崩れてしまいました。

すると、亡くなったはずのサツヱさんが、大きく「フーッ」と息を吐いたのです。

あまりのタイミングの良さに、全員、大笑い。しかし、その息が最期の息でした。

でも、娘さんはいったん笑い出したら止まらない、そんな泣き笑いのなかでの見事な最期でした。

最期の言葉ならぬ「最期の息」ですが、この「フーッ」で亡くなる方は多いようです。

女優の川島なお美さんも、最期に大きな息を一つ吐いて亡くなったそうです。

僕の担当だった編集者もそうです。奥さんに「背中が痛いからさすってくれ」と言って、さすってもらいながら気持ちよさそうに、長い息を一つ「フーッ」と吐いて、奥さんの腕のなかで亡くなったということを、お通夜の晩に聞きました。

生きている間は、息を吐いたら自然に吸うということになっています。その「吸う」がなくなるのが最期の息ということでしょうか。

「どいつも、こいつも、まずい面だ」――尾崎紅葉

死期が近づいてくる床のなかで、集まった弟子たちを見回しながら、そう言ったのは、『金色夜叉《こんじきやしゃ》』を書いた尾崎紅葉《こうよう》です。

弟子たちはみんな泣いていますから、それはまずい面でしょう。

ただ、こうして毒づいて自分を鼓舞したとも言えますね。

尾崎紅葉、享年35歳でした。

「あの世にも、粋な年増はいるかしら」――三遊亭一朝

昔の落語家は、かなりユニークな人が多かったようです。
「一朝爺《いっちょう》さん」と呼ばれていた三遊亭一朝という落語家がいました。この人は落語家
としては大成しなかったのですが、昭和の名人と言われた三遊亭圓生《えんしょう》に噺を教えたとい
うことで有名です。

この人、83歳で大往生を遂げたのですが、その時の辞世の句が、これです。

もっとも、この人は「噺家になれば、女性にモテる」と聞いて、落語家になったんだ
そうです。

昔、ザ・フォーク・クルセダーズの『帰って来たヨッパライ』という歌が大ヒットし
ました。

「天国よいとこ一度はおいで　酒はうまいしねえちゃんはきれいだ」と歌っていました。

たしか、飲酒運転で事故死した「オラ」がその天国でも酒と女に浮かれ、神様からお仕

置きを受け、また生き返って下界に戻ってくるという歌でしたが、この歌のとおりだとしたら、あの世にも粋な年増はいるということになりますね。

それにしても、噺家さんは、さすがに面白いことを言います。

「お○○こ」——立川談志

ご存知、立川談志師匠の最期の言葉です。

毒舌で有名でしたが、若い人は、人気番組『笑点』を自分で企画し、初代の司会者になったことを知らないでしょうし、一時期は参議院議員だったことも知らない方も多いことでしょう。

以前から、喉頭《こうとう》がんだったのですが、2011年3月の手術によって声を失い、10月27日に昏睡《こんすい》状態に陥ったまま、11月21日に亡くなりました。

最後は言葉を話せる状態ではなく、弟子の談笑さんによれば、

「かろうじて筆談ができる状況で集まった弟子に、最後に何か言いたいことあるかって

聞いたら紙に書き出したんですが、放送できないんです、最期の言葉が」

どうやら、師匠が何を書くのか弟子たちが固唾《かたず》を呑んで見守っていると、師匠がホワイトボードに書いた文字がこれだったようです。

さすがは師匠、並の人にこういう芸当はできません。最後まで笑いで行こうという芸人魂はすごいものです。

まだあります。墓は、東京都文京区向丘《むこうがおか》のお寺にあり、師匠の筆による立川談志の名が、そして、生前から自分で考えた戒名「立川雲黒斎家元勝手居士（たてかわ・うんこくさいいえもと・かってこじ）」と刻まれているそうです。

生前から、葬儀もいらない。お経もいらないというので、墓には遺骨がなく、海に散骨したそうですが、撒《ま》いたら魚があっという間に骨を食べてしまったので、魚にもファンがいたのではないかという話も残されています。

それにしても、最期の言葉をわざと放送できないものにして、「ざまみろ、テレビで言えねぇだろ」と舌を出している談志師匠の姿が目に浮かびます。言葉は下品でも、きちんと粋で尖がった生きざまを死にざまにしているあたり、やはりすごい人でした。

「何でも真面目にやれよ」――林家三平

噺家さんの話を続けます。

「三平です。どうも、すいません」

いつも、おでこに拳をあてて、笑顔で話す人気者の林家三平さんは、僕が学生の頃、毎日のようにテレビに出ている超売れっ子の噺家さんでした。

三平さんは1980年、54歳の若さで惜しまれながら亡くなりました。その三平師匠が肝臓がんで入院し、いよいよという時に、息子のこぶ平さん（現・林家正蔵《しょうぞう》）に、しんみりと言ったのが、この言葉です。

息子を心配する父親の気持ちがよく出ています。落語家は喋《しゃべ》り一つで人を笑わせ、時には泣かせという商売で、これは大変な力量を要します。「何でも真面目にやれよ」というのは、真面目に努力しないとお客さんは笑ってくれないよ、という意味だと思いますが、昔の人はよくこういうことを言ったものです。

最近では薄れてきましたが、真面目にコツコツやっていれば、いつかは報われるという風に考えるのが日本人のメンタリティでしたから。

「いままでは　人のことだと思ふたに　今度は俺か　これはめいわく」

——大田南畝

これは、江戸の幕臣、大田南畝《なんぽ》の辞世の句です。

大田南畝と言われてもわからない人がいるかもしれませんが、「蜀山人《しょくさんじん》」なら聞いたことがあるという人もいるでしょう。江戸時代の狂歌の名人です。その一方で、幕府に勤めるお侍様としても優秀で、試験があれば、つねにトップだったといわれています。

この狂歌は70歳を過ぎた時に作ったといわれていますが、平均寿命が50歳の時代ですから、やはり、ある時から死を身近に感じていたことでしょう。

でも、辞世の句というのは、やはり、死の直前には作れませんから、この場合も死を意識した時に、作ったものなのでしょう。

もし、僕がちょっといい辞世の言葉を残そうとするなら、「あんまり長くないかもしれないな」と思った時あたりから、作り始めますね。

でも、今は動画なんかもありますから、わざわざ文章にしなくても、ハワイかなんかで釣りをしながら、夕映えのなかで、さりげなくいい言葉を言ったりしてもいいかもしれません。それを動画にしたら決まるかもしれません。

豊臣秀吉の有名な辞世の句「露とおち露と消えにし吾《わ》が身かな　難波のことも夢のまた夢」に至っては、亡くなる11年前に色紙にしたため、侍女に渡しておいたものといわれ、病に倒れた時、その色紙に月日と自分の名を記して、亡くなったという説もあるくらいですから。

僕の遺書（六章参照）と同じで、あとで、「それ、いつの？」「じゃあ、こっちが死んだ日に近いか」というものかもしれません。

「自分が死んだら、誕生日みたいにケーキにロウソクを立てて送り出してよ。この世は仮の世で、あの世が本当の姿。めでたい日なんだからさ」——丹波哲郎

これは、霊界の案内人を自称していた俳優、丹波哲郎さんが亡くなる前に、家族に言った言葉だそうです。

丹波さんが肺炎で亡くなられたのは、2006年9月。告別式に参列した江原啓之《ひろゆき》さんは、自らの棺に腰かけて参列者をニコニコしながら眺めている丹波さんの霊を見たと言っています。

死ぬことを冥土への出発と捉えれば、葬式は、歓送会、壮行会のようなものだということになります。そう思えば、葬式でしんみりしなくてもいいのかもしれません。

ところで丹波さんは今頃、大霊界で何をしているのでしょうか。

「耳は聞こえるよ」

　次は一般の方です。定年リタイアした一瀬公男さんが、サラリーマン時代の先輩を見舞った時のことです。

　先輩は喉頭がんで声帯を失っていました。

　先輩は一瀬さんが行くと喜んで、手に持った小さなホワイトボードに何やら書き出しました。

「喋れないので、筆談ＯＫ？」

　一瀬さんがうなずくと、その文字を消し、先輩は「今、僕は徳川無声」と書きました。かつての名優、徳川夢声《むせい》のシャレです。

　一瀬さんは笑いました。

　そして、先輩は、再び消すと、「元気になったらパリにいる女友達のところに遊びに行こうと思っている」と書いて、また消して「アーティスト。美人だよ」と書き、また消して「かみさんも知ってるよ」と書き、また消して「大丈夫（笑）」と書いたのです。

それから先輩は一瀬さんを指差し、「きっと元気になるから、一緒に行こうよ」と書いてみせました。

思わず胸がつまった一瀬さんは、ボードを手にすると、「ぜひ連れていってください！」と力強く書いて、先輩に見せました。

すると、先輩はにっこり笑って、こう書いたのです。

「耳は聞こえるよ」

筆談だったので、つい書いてしまったのです。一瀬さん、思わず、笑ってしまったそうです。

2週間後、その先輩は亡くなりました。

それから2年後、一瀬さんは奥さんとパリに行きました。セーヌ川を歩きながら、「耳は聞こえるよ」と書かれた先輩の丸い文字を思い出していたそうです。

「お前のほうが、神様より偉い」

神奈川県藤沢市のある病院での話です。

院長は、クリシュナ先生。ネパール人のお父さんと日本人のお母さんの間に生まれたハーフですが、今は日本人になっています。

クリシュナ先生の父親は、毎日、お祈りを欠かさない敬虔《けいけん》なヒンズー教徒でした。

そのお父さんががんになり、息子が院長の病院に入院しました。もちろん、手厚い介護が行われ、一度は、退院しましたが、やはり、がんは再発して、余命3カ月と宣告されました。

お父さんが亡くなられる数日前のことでした。

病室に回診に来た息子に、お父さんはこう言いました。

「ヒンズーの神様にいくら祈っても、痛みは消えないが、お前が注射をしてくれると痛みが消える。お前のほうが、神様より偉い」

息子も言いました。

「ヒンズーの神が、お父さんの痛みを取り除いてあげてくれと僕に言ったから、僕は神の思し召しのまま、注射をしたんだよ」

こういう会話ができるといいですね。

僕は、死の淵にある人は、できるだけ死の入口にいるのではなく、天国の階段に続く扉の前にいると思ったら、楽になるのではないかと思っています。

目の前の扉が開き、天国にゆっくりと上っていく。そういうイメージを浮かべると、自然に笑みがこぼれるかもしれません。


「俺が死んだら、俺の生まれたパリに骨を埋めてほしい」

穴山千代吉さんは、ふだんからとても面白いおじいちゃんで、デイ・サービスでも人気者でした。そんな千代吉さんも寄る年波には勝てず、食欲もなくなり、とうとう病院に入院することになってしまいました。

病院に入院すると、身体はどんどん弱っていき、ひと月も経たないうちに、寝たきりになってしまったのです。

千代吉さん、とうとう、死期を悟ったのでしょう。ある日、入院中のベッドで、そばにいた奥さんを手招きしました。

「なに？」

「人に聞かれたら困るから、耳を貸せ」

何かと思い、奥さんが耳を近づけると、千代吉さんは言いました。

「お前に頼みがある。俺が死んだら、俺が生まれたパリに骨を埋めてほしい」

奥さんは、「またか」という顔をして、こう答えました。

「はいはい、よくわかりましたよ。あなたの生まれた会津磐梯山《ばんだいさん》の麓《ふもと》に埋めてあげるわよ」

爆笑ものです。こんな最期の言葉を言えたら、最高です。きっと、ベッドのなかで、何を言って奥さんを笑わせようか、考えていたんでしょうね。死期の近づいている苦しいなかでも、ユーモアを忘れないこの余裕、千代吉さんに脱帽です。

「おーい、だっこ」――大宅壮一

日本を代表するジャーナリスト・評論家として「一億総白痴化」「太陽族」「駅弁大学」など流行語を創り出す名手でもあった大宅壮一《おおや》さんは、１９７０年11月に70歳で亡くなりました。

死の直前、大宅さんがベッドの脇にいた奥さんにかけた言葉です。

意識が混濁した状態のなかで、思わず奥さんに甘えたかったのかもしれません。

こんなことを言っても大宅さんならユーモアになりますが、普通の人はそうはなかなかいきません。

人間、意識が混濁すると、最期に何を言ってしまうのかわからない。奥さんの名前を呼んだつもりで、違う名前を言ってしまったら大変です。

あなたは大丈夫ですか？

「実際に見た半分も話さなかった」――マルコ・ポーロ

『東方見聞録』の著者、マルコ・ポーロの最期の言葉です。

マルコ・ポーロは、今から900年近くも前の1200年代後半、17歳で中国に行って元のフビライに仕え、その後、アジアや中東諸国を見聞してまわった大冒険家です。

この時の様子をまとめたのが『東方見聞録』ですが、70歳で死ぬ前に、本当はもっとたくさん話があったのに、と後悔しています。

マルコ・ポーロの『東方見聞録』を知らない人はいないでしょうが、実はこれ、ジェノバの牢獄に入った時に知り合ったルスチキエロという物語作家に口述筆記してもらったもののようです。だから、「書かなかった」ではなく、「話さなかった」と言ったわけです。

この最期の言葉の面白さは、そこにあります。

「私の健康のために飲んでくれ」――パブロ・ピカソ

91歳で亡くなった画家、パブロ・ピカソの最期の言葉です。

本当は、もう少し長くて、こうだったとも言われています。

「私のために、私の健康のために飲んでくれ。知っているだろう。私はもう飲めないんだ」

死ぬ間際に、「私の健康のために飲んでくれ」と言ったところが何ともおかしい。

ちなみに、ピカソの本名を知っていますか？

パブロ・ディエゴ・ホセ・フランシスコ・デ・パウラ・ホアン・ネポムセーノ・マリア・デ・ロス・レメディオス・クリスピーン・クリスピアーノ・デ・ラ・サンティシマ・トリニダード・ルイス・イ・ピカソ。

まるで、落語の寿限無《じゅげむ》のようです。

瀕死のピカソの病床に医師が飛んできて、

「大丈夫ですか、パブロ・ディエゴ・ホセ・フランシスコ・デ・パウラ・ホアン・ネポムセーノ……」

名前を呼んでいるうちに、死んでしまいそうです。実際、あんまり長いので、ピカソ自身も正確に言えなかったそうです。

さらに、これには、面白いエピソードがあって、俳優ダスティン・ホフマンがポール・マッカートニーと飲んだ時に、ポールが「何でも歌を作れるよ」と言ったので、たまたま開いた雑誌に載っていたこのピカソの遺言を見せ、「これで作れる？」と言ったら、その場でメロディを作って、ホフマンを驚かせたそうです。『ピカソの遺言』というタイトルで、1973年のアルバムに収録されてもいます。

最期の言葉が歌に残るのも悪くないので、僕も曲になることを意識して、最期の言葉を考えましょうか。

「栄養剤！」――黒田康子

神奈川県逗子市に住んで、地元の郷土史の研究を続けていた黒田康子《しずこ》さんは、２０１５年10月に、１００歳で亡くなりました。

結婚して3年目にご主人が出征され、戦死されたことから、平和を守る運動にも参加し続け、90歳を過ぎても毎年デモに参加していらした方です。

そんな黒田さんの最期の言葉がこれでした。

「栄養剤！」

きっと元気になろうと思ったのでしょう。大きな声で、絞り出すようにおっしゃったそうです。

まわりの人は思わず和んだことでしょうね。亡くなる直前、最期の言葉が「栄養剤！」なんて、漫画でもなかなか描けませんから。

第一章の思わず微笑んでしまう最期の言葉はいかがでしたでしょうか。自分もこの路線で行きたいと思った方は、そこそこの体力、そしてユーモアを生み出す頭の冴えが最後の最後まで残っているかどうかにかかっています。

第二章

「しみじみ、グッドバイ」編

――「人の苦しがるのを見るのは不愉快でしょ。
あなた、あっちへ行ってなさい」

特攻隊の手紙

鹿児島県に「知覧《ちらん》」という第二次大戦中に特攻隊の基地があったことで知られる有名な場所がありますが、そこに突撃していった人たちの遺書とか遺品、写真などが展示してある特攻平和会館が建っています。

僕も編集者たち数人と訪れたことがあります。中に入るまでは皆元気がよかったのですが、入館してわずか10分も経たないうちに、全員シーンとして笑顔が消えていました。まだ10代、20代前半の若者たちが零戦で突撃して死んでいく直前の遺書を読んで、何も言えなくなったのです。

しかも、10代の若者なのにみんな達筆なんですね。正直言うと、少々きつい体験でしたが、まさに、これぞ死を覚悟した人間の最期の言葉ですから、あえて一つだけ紹介します。

「永久にサヨナラ　輝夫より」

御母様。

いよいよ、これが最後です。

小さい時より御心配ばかりおかけしてきた私でありますが、今こうして出撃命令を受け取ってみると、なんだか一人前の男になったような満足感が全身を走ります。

いよいよ一人前の戦闘操縦者としてお役に立つ時が来たのです。

一族の名誉にかけても必ず必ず頑張ります。

おやさしい、日本一の御母様。

今日トランプの占いをしたならば、御母様が一番よくて、将来最も幸福な日を送ることができるそうです。御父様も日は長くかかるようですが、帰ってきて一緒に暮らすことができるそうです。

輝夫は本当は三十五歳以上は必ず生きるそうです。しかし、大君の命によって、国

家の安泰の礎石として征きます。（中略）

短いようで長い二十年間でした。よいことも悪いこともすべて忘れて、ただ求艦必沈に努めます。

発表は、お盆の頃でしょう。今年のお盆は初盆ですね。

山を眺めると、福島の景（原文のまま）が想い出されます。

では元気で行って参ります。

輝夫より

御母様へ
永久にサヨナラ

宇佐美輝夫さん、第百八十振武隊。
昭和二十年七月一日　戦死。十八歳。

およそ70年ほど前の日本では、こんな別れが全国で次々と行われていたのです。

こうして彼らは飛び立ったのですが、一緒に飛んでいる特攻機の仲間にこう言って、お互いに別れを告げ、敵艦目がけて突っ込んでいったそうです。

「靖国で会おう！」

死しかあり得ない絶望のなかでも、どこかに救いがなければあんなことはできないと思います。

どこで死んでも魂は靖国に帰ってくるから、また会えるさということですから、まさに魂の言葉。

彼らが共有していた「最期の言葉」です。


「僕はいいから、君がお食べ」


もう一つ、戦争中の話です。

太平洋戦争末期、ニューギニア戦線に派兵された日本兵士の数は、約20万人だったそうですが、そのうち、生きて帰還できたのは、わずか2万人だったと言われています。

死因はほとんど餓死《がし》でした。

そのなかの一人、宮崎都城《みやこのじょう》23連隊の細見達宏さんの最期の言葉がわかりましたので、紹介します。

弾丸が飛び交う激戦のなか、一緒に故郷を出てきた仲間が、栄養失調で動けなくなった細見さんに、葉を揉んで柔らかくし、「これなら食べられるよ」と言って食べさせようとしたら、細見さんはにっこりと微笑んで、

「ありがとう。僕はいいから、君がお食べ」

と言ったそうです。

仲間は、そのまま進軍し、翌朝、その兵隊が戻ってきたら、細見さんは太陽に向かって、目を開けたまま、亡くなっていました。21歳でした。

「仕事に行こう、仕事に」――愛川欽也

話を最近に戻します。

キンキンの愛称で親しまれ、司会者、俳優として活躍していた愛川欽也さんは、肺がんと闘いながら、仕事を続けていました。ところが、2015年4月に入ってから、がんが脊髄《せきずい》まで達してしまいました。

それでも、世間には病名をまったく公表せず、入院もしないで自宅療養していました。

やがて、最期が……。

4月15日。容態が急変。

しかし、息を引き取る直前まで、妻のうつみ宮土理《みどり》さんに、何度も何度も、

「仕事に行こう、仕事に」

と、うわごとのようにつぶやいていたそうです。

「私、行かなくちゃ」

ジャンボ宝くじの季節になると、あちこちの宝くじ売場が大変なにぎわいになります。買うほうは、買ってしまえばそれでいいのですが、売場の人は、朝から夜までずっと大変ですよね。

戦後まもなくの１９４５年10月の第１回宝くじから65年間、90歳まで東京・小岩の駅前で宝くじを売り続けた八巻艶子さんという方がいます。

艶子さんは、若い頃夫を亡くし、宝くじを売ることで、女手一つで子供を育ててきたのです。

しかし、さすがに90歳になった時、体調を崩して入院することになりました。

そして、亡くなる直前、息子さんに、こう言ったのです。

「私、行かなくちゃ」

艶子さんは、そう言って、起き上がろうとしました。

息子さんが、身体を押さえつけて、「どこへ行くの」と聞いたら、「小岩に」と言って、再び横になり、意識を失い、そのまま帰らぬ人となったそうです。

それからしばらくたったある日、艶子さんが勤めた宝くじ売場に巨額の香典が届きました。送り主は誰だかわかりません。

あとで、艶子さんの売場からその年の年末ジャンボで1億円の大当たりが出たことがわかったそうです。

「いらっしゃいませー」――山岸一雄

愛川さんにしても、宝くじ売場のおばちゃんにしても、仕事というものは一生忘れられないもののようです。それだけ体に染みついているのでしょう。

それは、ラーメン屋さんも同じようです。

つけめん発祥の店として知られる人気ラーメン店、大勝軒（東京都豊島区東池袋）の創業者、山岸一雄さんは、２０１５年に心不全で亡くなりました。80歳でした。

亡くなる前夜、山岸さんが危篤状態に陥った時、親族に囲まれるなか、突然、大声で叫んだと言います。

「いらっしゃいませー」

そして、これが山岸さんの最期の言葉になったそうです。

死ぬ前というのは、朦朧《もうろう》として、一種の夢を見ている状態なんでしょうね。山岸さんの場合には、夢のなかで店にいて、その時、きっとお客さんが入ってきたのでしょう。そこで思わず発した「いらっしゃいませー」は、ラーメンに賭けた山岸さんの人生を象徴するような、清々《すがすが》しい最期の言葉だと思います。

「う・た・え・る・か?」——水原弘

『黒い花びら』でデビューし、低音の魅力で一世を風靡《ふうび》した歌手、水原弘さんが食道静脈瘤破裂で病床についたのは、1978年のことでした。

死が近づいてきた時、家族が見守るなかで、声を振り絞るようにして言ったのが、

「う・た・え・る・か？」

そう言うと、あの大きな目を瞑《つむ》り、息を引き取ったそうです。

水原弘さん、42歳でした。

これも歌手という仕事に賭けた人ならではの最期の言葉です。

「ワセダ　ワセダ　ワセダ」

水原弘さんの最期は歌えませんでしたが、早稲田の漫画研究会の先輩で、亡くなる前、すでに意識が朦朧としていた時に、早稲田大学の校歌『都の西北』を歌った人がいます。

普通、校歌を歌うというのは、運動部出身の人が多いのですが、その人は別に早稲田に入ったことも自慢していませんでしたし、特に、愛校心も感じられず、どちらかと言えば、出身大学なんかどうでもいいやという感じの人だったので、その話を聞いた時は驚いたものでした。

ではなぜ、最期に校歌を歌ったのでしょう。

その方は、公立の商業高校の出身でしたから、早稲田に入るには相当頑張ったはずです。

そのことを一切、表には出さなかったけれど、心のなかのどこかに、「自分は頑張って早稲田に入った」という誇りがあったのでしょう。

「よく頑張った自分に、早稲田大学校歌ァ――」と思ったかどうかはわかりませんが、心の奥底にしまってあったものが自然に飛び出してきたのかもしれません。自然に「都の西北、早稲田の杜に……」と声が出たんでしょうね。

それにしても、最期に校歌を歌い、自分にエールを送るような死に方は、ある意味、素晴らしい最期かもしれません。

「ホトトギス、鳴いた？」――柳生真吾

俳優、柳生博さんの息子さんで、園芸家の柳生真吾さんが喉頭《こうとう》がんで亡くなりました。

柳生さん親子は、真吾さんが子供の頃、すでに八ヶ岳に移住していました。

真吾さんは、幼い頃から植物と親しみ、その後、園芸家となり、ＮＨＫの『趣味の園芸』のキャスターになり、それまでの年寄りの趣味だった園芸を若い感覚で取り上げ、人気を博しました。

しかし、喉頭がんの手術で声帯を失ったため、キャスターの道は閉ざされます。それでも親子は、八ヶ岳での生活を楽しんでいました。

病魔が次第に真吾さんを襲います。病状が芳しくなくなったある日、真吾さんは父に筆談でこう書きました。

「親父、ホトトギス、鳴いた？」

「まだ鳴いてないよ」

と父親が告げると、真吾さんは、筆談で、こう書きました。

「今晩あたり、鳴くかもね」

そして、数日後、真吾さんは息を引き取りました。

すると、亡くなった日に、ホトトギスが鳴いたそうです。

「ボール！」——円城寺満

次も、仕事に関係のある最期の言葉です。

プロ野球の審判だった円城寺満さんは、人生の半分は球場で過ごしたといわれていますが、亡くなる3日前、しきりに右手を挙げて審判のジェスチャーを繰り返し、最期にひと言。

「ボール！」

と叫んで、以後、意識がなくなったといいます。

円城寺さんの場合も、夢のなかで主審をやっていたのだと思います。ピッチャーは誰だったんでしょうか。

1983年、73歳でした。

「ちょっと失礼します」――三遊亭小圓遊

その昔、『笑点』で、「巷では……」とか、ちょっとキザなことを言う落語家で、桂歌丸さんとの絶妙の掛け合いで有名だった三遊亭小圓遊《こえんゆう》さん。

地方で口演中、突然、気持ち悪くなって、

「ちょっと失礼します」

と言って楽屋に戻ったそうです。

すると突然吐血し、救急車で運ばれましたが、そのまま帰らぬ人となってしまいました。

死因は、食道静脈瘤破裂。まだ43歳の若さでした。

「バカ……」――木村功

主役としても、脇役としても、とてもいい味を出していた俳優、木村功さん。

亡くなる前、枕元にいた奥さんが、

「イサオちゃん、大好きだよ」

と、言うと、木村功さんが言った返事がこれだそうです。

そのあと、家族全員に看取られ、58歳で生涯を終えました。

亡くなられた後、奥さんの梢さんが書いた『功、大好き』（講談社）はベストセラーになりました。


「もういい、もういい」

大田由美子さんのお母さんは、今から8年前の夏、急に息苦しさを訴え、翌朝受診し、即入院となってしまいました。

もともとリウマチからの間質性肺炎にかかっていたのですが、そこに夏風邪が加わったのです。

由美子さんにとって、優しくかわいいお母さんでした。

由美子さんが病室で、どうしていいかわからずにオロオロしていると、息もたえだえのお母さんが言いました。

「もういい、もういい」

そして、入院してわずか13日で亡くなったそうです。

娘さんがどうしていいかわからず困っている姿を、お母さんは見ていられなかったようです。

「稽古行け」――斉藤仁

ロサンゼルス五輪、ソウル五輪と2大会続けて、95キロ超級柔道で金メダルをとり、

全日本柔道連盟強化委員長も務めた斉藤仁さんは、若くして亡くなりました。亡くなる日、奥さんから、

「今日は、息子たちの柔道の稽古、休ませる？　子供と一緒にいる？」

と聞かれた斉藤さん、最後の力を振り絞ってこう言い放ったそうです。

「稽古行け」

そして、それが最期の言葉になりました。54歳でした。

常に柔道一直線だった方らしい最期の言葉です。

「編集者に連絡してくれ」

ルポライターの吉田昭さんは、「言語障害」に関するノンフィクションを書いていました。

なぜ、身体には麻痺がないのに、言語だけが不自由になるのか、専門家を探し、取材を繰り返し、あと少しで本が完成するところまでいっていたそうです。

そんな時、吉田さんは突然、脳梗塞で倒れてしまったのです。

吉田さん、意識が薄れる直前、奥さんにこう言ったそうです。

「これで、完璧な本が書ける。出版社の編集者にそう連絡しておいてくれ」

そして、帰らぬ人となってしまいました。

漫画家の最期は、最期の言葉というより、最期のコマでしょうか。

漫画を描きながら、机の上に突っ伏して死にたいと、多くの漫画家はそう思っていると思います。

漫画の場合は、セリフは先に書いてあるので、最期のコマの吹き出しのなかのセリフがいいと幸いですが、そうとは限りません。間の抜けたセリフになる場合もありますからね。

「花嫁さん、きれいだったよ」

長崎市の女性、K・Tさん（62歳）は、進行した卵巣がんで1年ほど入退院を繰り返したあと、家に帰りたいと在宅医療に移りました。

戻った6月半ばは、ちょうど次男の結婚式。

もちろん、母親ですから、出席したかったのですが、自分ではとても無理だと思っていました。

そんな時、在宅医療を専門とした担当のお医者さんから言われました。

「お母さん、結婚式、参列したいでしょ。みんなでなんとかすれば、出られるよ。頑張って出てみませんか」

「はい、お願いします」

そして、病院にいた時には考えもしなかった息子の結婚式への出席が在宅医療を専門とする開業医と看護師、介護スタッフが付き添うことで実現したのです。結婚式は滞りなく終わりました。

結婚式のあと、お母さんは、次男にこう言ったそうです。

「花嫁さん、きれいだったとよ」

それから10日後、K・Tさんは、家族に見守られて息を引き取りました。

こういう最期の言葉は、きっと一生家族の心のなかに残るでしょう。在宅医療の先生とスタッフがいたから、こんな素晴らしい言葉が生まれたのだと思います。

「きれーな所。お花がいっぱいあるよ」

これは、同じ長崎のY・Iさんが語ったお姉さんの話です。

子供の頃、私の姉が白血病を発症しました。
姉は、母の自慢の娘でした。
姉は私と違って、色が白く、勉強もできたし、足も速かった。その姉が死ぬ前の晩のことを、母は、何度も私に話すのです。
「看病が20日も続いてね、やつれていたのに、自分のことは放っといて、『お母さん、髪の毛、ピンカールにしたら』って言うのよ。『ありがとう。じゃあ、ピンカールにしてみるね。はい、おやすみ』って言ったらね、あの子、静かに目を閉じたので、ふと、このまま目が覚めないかもしれないと思ったの。

そしたら、少し微笑んだように見えたので、思わず声をかけたのね。『何か、見えるの？』って。そしたら、あの子が答えたのよ。『きれーな所。お花がいっぱいあるよ』そして、しばらくして息を引き取ったの」

「きっと、あの子は天国に行けたと思う」と、母は50年も前のことを何度も何度も私に繰り返します。

小さい頃に亡くした子どもの記憶というのは、親はこれほど細かく覚えているものなのですね。

「あの世は、とてもきれいだよ」——トーマス・エジソン

先のY・Iさんのお姉さんは亡くなる時に、きれいな花畑を見たと言ったということですが、同じようなことを言って亡くなった偉人がいます。

発明家のエジソンです。

死期が迫った時、病床には4人の息子と2人の娘、4人の孫、12人の召使、そして、かの自動車王フォードもいたそうです。

しばらく昏睡《こんすい》状態が続いて、このまま戻らないかと思われた時、ふと意識が戻り、こう言いました。

「あの世は、とてもきれいだよ」

そして、再び意識を失うと、静かにこの世を去っていきました。84歳でした。

長崎の少女も、エジソンも臨死体験で、天国をちょっと覗いたようです。

亡くなる前に天国のお花畑がきれいだったとか、三途《さんず》の川を見たとか、そういう話はよく聞きますが、これは僕は「刷り込み」だと思うんです。

どこかで、人間は死んだらこうなるということが脳のなかに刷り込まれていて、最期の夢で出てくるのではないかと思います。

だとしたら、三途の川は暗いイメージだから、天国シリーズでいきたいものです。今から、死んだらお花畑のなかを美女に手を引かれて天国に行けると脳に刷り込んでおきましょう。

僕も、死ぬ時は好きな音楽を聞きながら死んでいきたいと思います。候補曲はたくさんありすぎますから、リストを作っておかないといけませんね。

「あっと言う間の人生やった」

1994年の夏のこと。宮崎のベテラン看護師、久保イツ子さんのお母さんに、いよいよ最期の時がやってきました。

腹水がたまり、おなかが膨張し、排尿もままならぬ状態でした。

イツ子さんはヘルパーさんに手伝ってもらいながら、お母さんをポータブルトイレに座らせました。

しばらくして、排尿がありました。

ですが、お母さんの苦悶の表情が続きます。

（ああ、長くないいな）

イツ子さんは、覚悟をしました。

そして、お母さんに話しかけました。

「お母さん、よく、明治、大正、昭和、平成と長いこと生きてきたわね」

と言うと、88歳のお母さんはこう言いました。

「あっと言う間の人生やった」

イツ子さんは、痛み止めの座薬を挿入しました。すると、間もなく、意識がなくなり、
翌朝、あの世に旅立ったそうです。

これ、年をとってくるとわかりますね。小学生の頃って、1年ってものすごく長く感じませんでしたか。夏休みなんか、ものすごく長く感じましたよね。

イツ子さんのお母さんの1年は、88分の1だけど、6歳の子の1年は6分の1ですからね。

「あっと言う間の人生」

身に沁《し》みる言葉です。

「一人ひとり、握手をしよう」――藤浦洸

『別れのブルース』『水色のワルツ』『悲しき口笛』など、昭和の歌謡曲の名曲の数々を書いた作詞家、藤浦洸《こう》さんは、80歳で亡くなる時、集まった家族、友人たちに向かって、こう言って、手を差し出しました。

「一人ひとり、握手をしよう」

そして、全員と握手をし終わったあと、静かに目を閉じ、そのまま帰らぬ人となりました。

1979年のことでした。

これ、いい方法ですね。何も言わずに、手を握る。「こいつ、誰だったかな」と思っても、うなずいていれば、大丈夫ですから。

ただ、死ぬ間際だと体力が持つかな、と心配ですね。握手したまま死んだら、その人

は困るでしょうね。手が離れなかったりしたら。

「ちょうどいいです」

北島澄子さん、57歳。

彼女は、重い病気にかかってしまっていました。

でも、いつもこう言っていました。

「病気にかかったのが主人でもなく子供でもなく、私でよかった」

そんな澄子さんに、死期が訪れました。息づかいが荒い。ご主人も不安そうでした。

「澄子さん！　暑くないですか」

思わず、ベッド脇の見舞い客が声をかけました。

すると、澄子さんは、はっきりとした口調でこう言ったそうです。

「ちょうどいいです」

それから数時間後、ご主人と友人に手足をさすられながら、天に召されていきました。

どこかお人柄が感じられる言葉です。

「盛岡さ行ってきた。あーあ、疲れた」


小笠原直也さんは子供の頃、「ソボキトク」の電報を受け取り、お母さんと一緒に岩手のお母さんの実家に急いだ時のことを今でも覚えています。

ようやく、たどり着くと、おばあちゃんは、いったん医師の注射で意識を取り戻したところでした。

そして、孫の顔を見つけると、にっこり笑って、こう言ったそうです。

「盛岡さ行ってきた。あーあ、疲れた、疲れた」

それから、すぐに息を引き取ったといいます。

夢でも見ていたのでしょうか。

小笠原さんは、今でも、あの時、おばあちゃんは盛岡の誰かの枕元に立ったのではないか、と真剣に思っています。

よく、人が亡くなった時に、夢枕に立つとか言いますね。立たれたほうの話は聞きますが、立った話は聞いたことがありませんから、小笠原さんのおばあちゃんは、本当に幽体離脱して、盛岡に行ってきたかもしれませんね。

盛岡の人が、おばあちゃんが夢枕に立ったと言ってくれたら、もっと面白かったですけどね。

「そこにお米があるから、炊いてみんなでおあがり」

人間、つらかった体験は、最後まで頭に残っているようですね。

広島の西村綾子さんは、戦中戦後の食糧難の時代、お米が手に入らず、芋やかぼちゃで食をつないでいました。

以来、毎日、食べることだけを心配していたようです。

やがて、綾子さんもいつの間にか、93歳になり、死期が近づいてきました。老衰で意識が朦朧としたなか、子供や孫のことを心配して、こう言ったそうです。

「そこにお米があるから、炊いてみんなでおあがり」

これが綾子ばあちゃんの最期の言葉になりました。


僕の知り合いで、超高級ワインを地下のワインセラーにそれこそ何千本と持っている人が複数いますが、冗談交じりに「亡くなったら、どうするのかな」などと余計なことがワイン好きの悪友達の話題になったりしています。

「形見分けしてくれないかな」

「いや、業者が来て買い取っていくんじゃないか」

などと盛り上がっているのですが、このおばあちゃんのように、奥さんが「地下にロマネ・コンティがあるから、みんなで好きなだけおあがり」と言ってくれないかと、誰もが密《ひそ》かに願っています（笑）。

「そがん心配せんでよか」

島原亜希子さんのお父さんは85歳。

病気で、残りの人生も短くなりました。

死期が近づいたのでしょう。次第に手足がパンパンに腫《は》れてきました。

病院では、錯乱して夜中に暴れるといけないと、ベッドの柵にひもで拘束されてしまっていました。

亜希子さんは、それが本当に申し訳ないと思っていました。

そんな様子を見て取ったのか、お父さんはやさしく微笑んで、亜希子さんにこう言ったそうです。

「そがん心配せんでよか」

それから3日後、自宅に戻り、5日後、手足が自由になったお父さんは、家族と川の字になりながら、息を引き取ったといいます。

「帰ろうよ、ねえ、帰ろうよ」


Mさんは、元小学校の先生でした。

亡くなる前日のこと、孫がMさんの入所していた介護施設に見舞いにやってきたときには、

「また、いらっしゃい」

と、すっかり先生に戻っていました。

でも、そのあと、施設長が手をにぎると、突然、

「帰ろうよ、ねえ、帰ろうよ」

と小さな子供のように懇願したのです。

「そうね、帰ろうね。一緒に帰ろうね」

と施設長が背中をとんとんしていると、すっかり寝入ってしまいました。

そして、翌日、すーっと消えるような最期を迎えたMさん。98歳でした。

「僕は負けたのか。これでもうすべてが終わりだね」

――グレート金山

　元日本バンタム級チャンピオン、グレート金山さんは7回も防衛した素晴らしいボクサーでした。

　その金山さんが8回目に敗れた相手と再戦、王座奪回を狙ったのですが、無念の判定負け。

　試合終了直後、体調不良を訴え、こう言いました。

「僕は負けたのか……。これでもうすべてが終わりだね。気分が悪い。吐きそうだから、バケツとって」

　そして、この4日後、元チャンピオンは、死去しました。32歳でした。

『あしたのジョー』のラストシーンのようですが、ジョーは真っ白になって燃えつきて死んだのかどうかはわかりません。それにしても「僕は負けたのか……」は重い言葉です。

「きつかった！」——服部海斗

もう一人、ボクサーの話です。

２０１５年2月24日、17歳のプロボクサー、服部海斗君が慢性骨髄性白血病のため死去しました。

最後の会話は、兄の力斗君が病院に見舞いに行った時のこと。

兄の姿を見た海斗君、寝たきりのベッドから手を差し出し、

「握って！」

と言いました。

兄がしっかりと握ると、

「きつかった！」

と言って号泣しました。1年にわたる闘病中、海斗君が初めて見せた涙でした。

抗がん剤治療は、ボクシングより辛かったのです。

その後、再び、昏睡状態に陥った海斗君が意識を取り戻すことはありませんでした。

「晋どん、もうここらでよか」――西郷隆盛

幕末の英雄で、上野の銅像でも有名な西郷隆盛は、明治に入り参議になったのですが、征韓論を巡り、政府と対立し、1877年、西南戦争を起こします。

しかし、官軍に攻められ、最後は鹿児島、城山に追い詰められ、腹部などに被弾し、もはやこれまでと、お供の別府晋介にこう言います。

「晋どん、もうここらでよか」

自決する西郷を、別府晋介が介錯《かいしゃく》します。そして、晋介も自決。

西郷隆盛、49歳。別府晋介、30歳でした。

鹿児島で観光バスに乗ると、バスガイドが城山を案内する時に必ずする話です。

「頑張ってみるよ」

井口直敬さんの中学以来の友人、巌さんは還暦を迎えようとした頃、全身のがんと闘っていました。

井口さんが電話すると、何度か目でよくやく電話口に出てくれました。

「今日は気分がいいから話すことができるよ。いやー、まいった。名前が巌だからって、がんのヤツ、仲良くしようと言い寄ってきてな」

返す言葉に詰まった井口さんは、

「若い頃、よく言ってたよね。60歳になったら、恩師を招いて大人の修学旅行をしようね。もうすぐだよ。元気になって一緒に行こう」

と言いました。

「頑張ってみるよ」

力なく言った巌さん。13回忌の時、あの時、言えなかった言葉を井口さんが彼に贈ったそうです。

「君と友だちになれて、本当によかった」


「もう、いいよ」


「ご面会の時間が終わりました。お気をつけてお帰り下さい」

いつもの機械的な放送がその日も流れていきました。

藤田幸雄さんは、朝からこの時間まで毎日、入院している奥さんの介助に病院に来ていました。

普段なら、この放送が始まると、

「気をつけてね、ありがとう」

と奥さんは言って、藤田さんを送り返していたのに、その日にかぎって、こう言ったそうです。

「もう、いいよ」

「なに、カクレンボみたいなこと言って」

といつものように、お別れの頬ずりをしたら、奥さんは泣いていました。

その次の日の早朝、奥さんは、静かに逝きました。

奥さんには、もう死期が迫っていることがわかっていたのでしょう。

「わがった。大丈夫だがら」

岩手県に住む野村かおりさんの母、久子さんは肺炎を繰り返し、入院をしていました。

そんなある日、かおりさんがお母さんを訪ねると、久子さんは変なことを言いました。

「さっき、知ってる人がたくさん来たよ。ばんちゃん（母の母）もいだったよ」

そんな言葉に不安を覚えたかおりさんは、

「誰が会いに来ても、絶対についていってはダメだよ。ばんちゃんでもダメだからね」

と言うと、お母さんの久子さんは少し笑ってこう答えました。

「わがった。大丈夫だがら。かおりの言うこと、きぐから」

数時間後、危篤状態となり、その日の夜、久子さんは、ばんちゃんのもとに旅立ってしまいました。

これは完全に、「せん妄」という症状です。本来、存在しないものが見えたり、そこにいるはずのない人がいると言ったりします。死が近づくと、よく出る症状のようです。でも、「わがった」とか「かおりの言うこと、きぐから」という方言が入ると、最期の言葉も、より深くなりますね。

少し、有名人たちの最期の言葉を拾ってみましょう。

「あわてるな、あわてるな」——高倉健

あの高倉健さんの病状が急変したのは、入院して10日目の夜でした。

担当医は、付き添いの養女、小田貴さんに言いました。

「悪性リンパ腫が神経に触れると、激痛になります。その場合はモルヒネを使いますが、

会話はできなくなります」

貴さんは、酸素吸入のマスクが顔にあたるのを嫌がる健さんのために、片手でマスクを持ち、胸をさすってあげました。

それでも、苦しい呼吸の中、一生懸命、何かを話そうとする健さん。しかし、何を言っているのか、聞こえない。最後に聞きとれたのは、

「あわてるな、あわてるな」

そして、静かに目を閉じ、やがて、夜明けを迎えたといいます。

2014年11月10日。83歳でした。

僕らの世代にとっては若い頃は東映のヤクザ映画、中年以降は『幸せの黄色いハンカチ』や『駅 STATION』『居酒屋兆治』など、ずっとスクリーンのなかに生き続けてきた高倉健さん。最期を迎える4日前には手記を残し、その最後はこの言葉で締めくくられていました。

「往く道は精進にして、忍びて終わり、悔いなし」

これは、比叡山《ひえいざん》の大阿闍梨《だいあじゃり》・酒井雄哉《ゆうさい》師から贈られたそうで、生涯心に刻んで大切に

してきた言葉だそうです。

健さんの生きざま、死にざまの両方が入っているような気がします。

「大統領にも、さよならと伝えて」——マリリン・モンロー

世紀の大女優、マリリン・モンローの死は、いまだに謎とされていますが、彼女の最期は、受話器を握ったままでした。

電話の相手は、友人である俳優のピーター・ローフォードで、ケネディ大統領の姉の夫でした。

その時の彼女の最期の言葉がこれです。

「パット（ローフォード夫人）にさよならと伝えてちょうだい。大統領にも、さよならと伝えて。それから、あなたにもさようならを言うわ。あなたはよくしてくれたわね」

「風さそう　花よりもなお　我はまた
春の名残りを　いかにとやせむ」――浅野内匠頭

年末になると必ず話題になる忠臣蔵の事件の発端。殿中松の廊下で吉良上野介《きらこうずけのすけ》に斬りつけ、切腹を命じられた浅野内匠頭長矩《たくみのかみながのり》の辞世の句です。

切腹に関して調べたところ、どうしても腹を切れない人には武士の情けで、毒薬を飲ませたそうです。

でも、実は、そのほうがよほど苦しかったとみえて、のたうちまわり、喉を掻きむしった跡が残っているそうです。

切腹の正式な作法は、いったん刺した刀をグッと横一文字に切りさばくのですが、一般に、腹を刺した瞬間、首を落としてあげるのが、せめてもの温情だったといわれています。

切腹という御沙汰が決まったら、辞世の句という流れだったのでしょう。

風に散っていく花以上に、春を名残り惜しいと思う我が身をどうすればいいのか、と無念を滲《にじ》ませた辞世の句です。

一方、主君の仇討ちを果たした大石内蔵助《くらのすけ》のほうは、討ち入り後に江戸の泉岳寺《せんがくじ》で、「あら楽や　思ひは晴るる　身は捨つる　浮世の月に　かかる雲なし」と詠み、切腹に際しては「極楽の　道はひとすぢ　君ともに　阿弥陀をそへて　四十八人」と詠んだとされています。

どちらも思いを果たし、死んでいく人間の澄みきった心境が感じられます。

「これで、おしまい」——勝海舟

江戸城無血開城の立役者、勝海舟の最期の言葉ですが、何とも潔くて気に入りました。

勝海舟は、風呂上りにブランディを飲もうとして、まだ飲むか飲まないうちに、脳溢《いっ》血《けつ》で倒れます。その時の最期の言葉がこれだったそうです。

75歳。さすが、勝海舟です。

「今日も暑くなりそうね。こんな暑い日にお葬式を出すと、来てくださる方に迷惑ね」――いわさきちひろ

素晴らしい絵本作家として知られたいわさきちひろさんですが、最期までしっかりされていたようです。お葬式に参列してくれる人の気持ちまで考えて言ったのだと思いますが、普通は言えません。

「がんで死んだ顔は家族以外に見せたくない。家族三人でみとってくれ」――渥美清

渥美清さんは、『男はつらいよ』のなかでは冗談ばかり飛ばしていましたが、実はとてもシャイな方だったと聞いています。それだけでなく、やはり国民的名優ですから、人々の心のなかに、スクリーンのなかで生き続ける「寅さん」のイメージだけを残した

かったのだと思います。

役者さんやタレントさんというのは、それがありますから、なかなか難しい。闘病中を含め、死にざまを世間に見せることによって記憶される場合もありますが、下手をするとそこだけがインパクトを残してしまうことにもなりかねません。

「なぜ、みんな、そんなに俺を見ているのだ」――若山牧水

思わず笑ってしまうような有名歌人の最期の言葉ですが、こういうこともあるかもしれません。

つまり、自分がそろそろ死ぬということを当人がまだ知らない。だから、周囲に人が集まって顔を覗き込んだりしているのを訝《いぶか》しがっているわけです。

この世に死んだことのある人はいないわけですから、「ああもう死んでいくんだ」と当人が認識できるかどうかは、その時になってみないとわからないということです。

「頑張ります」――美空ひばり

昭和の歌姫は、医師団が今後の治療の方法を語った時、こう言ったのが最期だったそうです。

天才子役として映画デビューして、昭和20年代から数々のヒット曲を飛ばし、戦後の貧しい時代の日本人に希望を与え続けてきた方ですから、人の何倍も頑張ってきたに違いないのですが、それでも自分の歌を聞いてくれる多くの人たちのために、まだ頑張らなくてはと思ったのでしょう。

スターというのは、自分や家族のためだけに生きているのではない部分があります。その身に、多くの他人の人生も背負っているわけですね。

「いっぱい恋もしたし、おいしいものも食べたし、
歌も歌ったし、もういいわ」――越路吹雪

もう一人、昭和を代表する歌姫の最期の言葉ですが、こういう女性は一般人にはなかなかいないでしょう。

誰が見ても素晴らしい人生を送った方だと思いますが、ご本人も大変満足感があったのですね。死ぬ前に「ああ、面白かった」と言って亡くなる方もいるようですが、きっと同じような気持ちなんでしょう。

そういう心境になるほどやりたいことをやってきたのだと思いますが、そうするには才能だけでなく、大変な努力が必要だったことでしょう。やりたいことをやるために、懸命に生き抜いたのだと思います。

「となりの部屋に行くんだ。仕事をする。頼むから仕事をさせてくれ」——手塚治虫

私たち漫画家が今日《こんにち》あるのはこの方のおかげと言っていい天才漫画家ですが、最後まで仕事をさせてくれと言っていたというのには、ただただ驚きますし、頭が下がります。ただ、同じ漫画の世界に身を置く者として、わかるような気もします。漫画家というのは、実際に漫画を描く作業だけでも大変長時間を要する仕事ですし、これにアイデアをひねったり取材を重ねたりといったことも加わりますから、人生＝仕事だと思わなければやっていられないわけです。私自身も夢のなかでしょっちゅう漫画を描いています。

漫画家は、生きることの大半が仕事をすること、漫画を描くことなんですね。しかも、手塚先生のレベルになると、仕事の依頼が多いだけでなく、アニメーションにも意欲的に取り組んだり、やりたいことが次々に出てきますから、仕事をしていないのは寝ている時だけだったと思います。その寝ている時間も1日2時間だったと聞きますから、エ

ジソンと同じでびっくりします。

手塚先生は1988年に胃がんを発病し、1989年に亡くなるのですが、胃がんであることは本人には伏せられ、最後は病院のベッドの上で昏睡状態になりながらも、意識が戻ると「鉛筆をくれ」などと言っていたようです。

考えられないほどの気力と執着心はやはり常人ではないと思いますが、亡くなった1989年は奇《く》しくも昭和時代の最後の年。美空ひばりさんが亡くなったのもこの年で、昭和の天才2人が、昭和とともに最期を迎えたということも、天の差配なんでしょうか。

「今年の花火見物はどこに行こうかな」――山下清

ご存知、「裸の大将」の最期の言葉です。1971年、49歳のある日、夕食のあとに脳出血で亡くなっていますが、いかにも放浪の画家と呼ばれた山下清らしい言葉です。

突然の死ですから、最期の言葉を遺したというより、「あれが最期の言葉だった」ということだと思います。

とにかく花火が大好きで、花火大会と聞きつけると全国各地に赴き、その感動を貼り絵に表現していたようです。山下清の花火の絵は、うまい下手を超えた、真似のできない何かがあります。

「人の苦しがるのを見るのは不愉快でしょ。あなた、あっちへ行ってなさい」——小泉八雲

明治期に日本にやってきて英語教師として教鞭《きょうべん》をとり、日本人と結婚した小泉八雲（ラフカディオ・ハーン）。「あなた」というのは、その妻・小泉セツのことです。日本を愛し、日本文化を欧米に数多く紹介してくれた方ですが、知識人であると同時にギリシャ生まれの外国人紳士ですから、最期の言葉も優しいですね。

第三章

「最期にありがとう」編

――「お前と一緒になっていがった。ありがとな」

「三日とろろ美味しゅうございました」――円谷幸吉

２０２０年、二度目の東京オリンピックが開かれますが、東京オリンピックと聞くと、１９６４年、私がまだ高校生の頃、日本で初めて開かれた東京オリンピックを思い出します。

そして、自ら命を断ったあるマラソン選手のことを思い出さないわけにはいきません。


幸吉はすっかり疲れてしまい走れません。

父上様。母上様。三日とろろ美味しゅうございました。干し柿、モチも美味しゅうございました。

敏雄兄、姉上様、おすし美味しゅうございました。

克美兄、姉上様、ブドウ酒とリンゴ、美味しゅうございました。

厳兄、姉上様、しぞ飯、南ばん漬け美味しゅうございました。

喜久造兄、姉上様、ブドウ酒、養命酒、美味しゅうございました。又いつも洗濯ありがとうございました。
幸造兄、姉上様、往復車に便乗させて戴き有難うございました。モンゴいか美味しゅうございました。
正男兄、姉上様、お気を煩わせて大変申しわけありませんでした。
幸雄君、秀雄君、幹雄君、敏子ちゃん、ひで子ちゃん、
良介君、啓久君、みよ子ちゃん、ゆき江ちゃん、
光江ちゃん、彰君、芳幸君、恵子ちゃん、
幸栄ちゃん、裕ちゃん、キーちゃん、正嗣君、
立派な人になって下さい。
父上様、母上様、幸吉はもうすっかり疲れ切ってしまって走れません。
何卒お許し下さい。気が安まる（原文のまま）こともなくご苦労、御心配をお掛け致し申しわけありません。
幸吉は父母上様の側で暮らしとうございました。

円谷《つぶらや》幸吉選手は、1940年生まれ。福島県の須賀川《すかがわ》の出身です。高校を卒業後、陸上自衛隊郡山《こおりやま》駐屯地に入隊し、駅伝や地元の陸上競技会での活躍が認められて、東京オリンピックの1年前にできた自衛隊体育学校に入ります。

ここで才能が開花して、東京オリンピックの1万メートルとマラソンの選手に選ばれ、1964年の東京オリンピックでは1万メートルで6位、マラソンでは銅メダルを獲得し、スターになりました。

そして、次のメキシコオリンピックでの活躍が期待されたのですが、椎間板ヘルニアでかつての走りができなくなり、また婚約破棄などさまざまな不幸が重なって、メキシコオリンピックのある1968年1月9日、体育学校の自室でカミソリで頚動脈《けいどうみゃく》を切って自殺してしまいました。

遺書には一切の恨みを残さず、「美味しゅうございました」「ありがとうございました」と、ただただ家族への感謝を書き綴《つづ》ってあり、多くの日本人の涙を誘いました。

三島由紀夫は、当時、円谷選手への多くの批判や中傷記事に対して、「それは傷つきやすい、雄雄しい、美しい自尊心による自殺であった」と述べています。

円谷さんの場合は自殺ですから、感謝といっても悲しいものがありますが、それでも周囲に感謝して死ぬということは、おそらく魂の浄化とか救済といったところにつながるものだと思います。

この章では、感謝の気持ちが表れた最期の言葉を紹介します。なかなか素直に「ありがとう」と言えない人も、最期を迎えた時、かなりの人がそういう気持ちになると言います。宗教にもつながる人間の心の在り方なのかもしれません。

「感謝感激雨あられ」

宮城県で生まれ育った「ちよみばあちゃん」は、２０１１年の東日本大震災のあと、脳梗塞で倒れ、それがもとで認知症になってしまいました。

90歳を過ぎていることから「余命は短い」と診断され、自宅で最期をと、病院を退院し、自宅療養となりました。

そんな6月の孫の誕生日、来月が自分の誕生日なので、いつもなら、

「それまでは生きるぞ」

と皆を笑わせていたおばあちゃんが、今年にかぎって、そのことを言わない。認知症の影響かな、と、皆なんとなく納得していました。

ところが、それから3日後の深夜、ちよみばあちゃんの容態が急変、集まった家族に、おばあちゃんはこう言ったそうです。

「ありがとう、ありがとう。感謝感激雨あられ」

先に亡くなった夫は学校の用務員、自分は病院の掃除婦として働き通しだった、おばあちゃんの最期の言葉でした。


「感謝感激雨あられ」という言葉、もともとは戦時中に銃弾や砲弾が激しい雨や霰《あられ》のように降り注いだことから「乱射乱撃雨あられ」と言ったそうですが、戦後になって、これを「感謝感激」にくっつけて、ものすごく感謝し、感激している様子に変わりました。

今の若い人は使わないと思いますが、超人気グループ嵐が、これを『感謝カンゲキ雨

嵐』と替えてシングル曲のタイトルにもしていました。

言葉というのは面白いもので、誰がどう使うかによって、ニュアンスが変わったりもします。同じ「ありがとう」と言うのでも、最期にこういう言葉を使われると、戦争前後の激動期を生きた世代の空気感のようなものが伝わってきます。

「スパシーボ！」

宮崎県に住む本山澄子さんのご主人は、ロシア語が堪能な方でした。

このご夫婦は、普段から仲がよく、ご主人の定年後は、レンタカーを借りては、北海道一周の旅を楽しむなど、いろんなところを夫婦で旅行していました。

もともと明るい性格のご主人が、仕事を離れるとさらに快活になり、一日中、一緒に暮らしていても飽きることはなかったと、澄子さんは言います。

そんなご主人がある日、急に体調を崩し、入院したのですが、みるみる悪くなっていってしまいました。

そして、あっという間に、最期の時がやってきたのです。

元看護婦だった澄子さんは、こんなに急におかしくなったのは、重大な病気を医者が見過ごす誤診をしたのだと思いました。医療過誤が問題になっていた時代でした。

澄子さんが医者への愚痴をこぼしそうになると、ご主人は明るく言ったそうです。

「いや、お医者さんも看護師さんも一生懸命やってくれたよ。文句言っちゃ、ダメだ」

そして、澄子さんにも、こう告げたのです。

「君にも長い間、世話になったね。スパシーボ！」

スパシーボとは、ロシア語で「ありがとう」。

この最期の一言だけで、ご主人の明るく、粋な性格が伝わってきます。ユーモアに富んだお人柄だったと言えばそれまでですけど、最期の時にまでこんなことが言えるのはすごい。頭で考えたというより、体に染み込んでいないと出てこないと思います。

「できれば再婚しないでね」――川島なお美

２０１５年9月24日午後7時55分、都内の病院で胆管がんのために死去した女優の川島なお美さん（54歳）。まだ若い女優の死は、マスコミでずいぶんと話題になりました。

その伝によれば、その前年11月、夫の鎧塚俊彦さんと一緒に眠るためのお墓を探し、その時、遺書にこう書いたそうです。

「一緒にお墓に入りたいから、できれば再婚しないでね」

鎧塚さんへの愛情の深さが伝わってきます。

しかし、鎧塚さんはともかく、一般論として、いくら愛した人でも「再婚禁止」と言い遺されるのはどうかと、ネットなどで随分議論を呼んだようです。

難しい問題ですけど、相手の幸福を願って「いい人を見つけてね」と言い遺した人の例もあるようですし、気持ちの問題ですから正解などありません。

もっとも、川島さんの遺書は手術前夜に書かれたもので、手術が成功した後に破棄されたとのことです。

「苦しいことは忘れたわ」

中沢美千代さん（56歳）は、気づいた時には末期の大腸がんになっていました。

美千代さんはとても明るい性格で、二人の息子と三人の娘がいましたが、病気を知ってからも在宅医療を受けながら、自ら台所に立ち、家族の食事の準備も元気にこなしていました。

そんなある日、末期の大腸がんによく出る激しい腸閉塞《ちょうへいそく》で、美千代さんは起き上がることもできず、ベッドでもがいていました。

連絡を受け駆けつけた看護師さんが「大丈夫ですか？」と声をかけると、美千代さんは苦しさをこらえ、必死で笑顔をつくり言ったそうです。

「ありがとう、大丈夫よ。苦しいことは忘れたわ」

その2日後、美千代さんは亡くなりました。

「苦しいこと」は、ただ病気の苦しさを言ったのかもしれませんが、最期の言葉には、その人の人柄や、ものの考え方を含めた人生が表現されていると考えると、そればかりではないでしょう。

どんなに明るい性格の人でも、人生に悩みや苦しみはあるはずです。苦しいことがあっても忘れて前向きに考えるようにいつも努力していたから、死の恐怖を超えて明るさを保つことができたのではないでしょうか。

美千代さんにとって「苦しいことは忘れたわ」は、人生の思想だったのかもしれません。

「お世話になりました。ありがとう」

医者として人の命と向き合ってきた武藤三郎先生ですが、11年前に肝臓がんを発症、以後、手術を繰り返してきました。

ところが2014年末に肝臓に多発性の腫瘍《しゅよう》が出現。もはや積極的な治療ができなくなってしまいました。やがて、「殺される」などの幻覚が出現、ついに薬剤で眠りにつかせる鎮静が必要になりました。

その時、担当医師が聞きました。

「先生、薬で鎮静させますが、眠りにつく前に奥様に何か言っておくことがありますか」

武藤先生は、奥さんの顔をじっと見つめて言いました。

「お世話になりました。ありがとう」

そして、武藤先生は亡くなられました。83歳でした。

奥さんは、頑固一徹だった夫から「お礼を言われたのは、これが初めて」と涙を流しつつも、夫の感謝の言葉が心に響き、本当に感激していました。

「あの世でも、ご近所になりますね」

医師の話を続けます。

町の診療所から徒歩3分のところに住む中山令子さん（81歳）は、長年、リウマチを患っているばかりでなく、肺も悪く、細菌による肺炎を合併しやすい状態でした。

そんなある日、医師が往診に行ったところ、お墓の話になり、令子さんは長崎の五島《ごとう》列島の南西部にある五島市の墓に入ることになっていることがわかりました。

たまたまその医師も五島市に先祖代々のお墓があったので、そのことを告げると、白川さんはうれしそうに言ったそうです。

「あら、先生、あの世でも、ご近所になりますね。よろしくね」

それからほどなくして、令子さんは肺炎をこじらせて亡くなりました。看取ったのはその医師です。

実は、長崎市内で生まれ育ったその医師は、長崎市内に自分の墓を建てようと思っていたようです。しかし、もはや、五島市の先祖代々の墓に入らないわけにはいかなくなったとのこと。

最期の言葉ですから相手に「実は……」と言い訳はできませんし、どんな一言でも、その重みは格別ということでしょうか。

「感謝、感謝、南無阿弥陀仏」

佐藤克子さんは86歳。胆嚢《たんのう》が悪く、胆汁を外に出す管をつけて、自宅療養していました。

そこに訪問看護師さんとヘルパーさんがやってきて、克子さんをお風呂に入れることになりました。

しかし、管がついているから大変です。胆汁の管をサランラップで固定し、なんとか湯船に肩までゆっくりとつかった克子さんは、よほど気持ちがよかったのでしょう。思わず看護師さんとヘルパーさんに掌《てのひら》を合わせながら、こう言いました。

「感謝、感謝、南無阿弥陀仏」

そして、もう一度ベッドに移され、それから1週間後に本当に成仏されたそうです。

南無阿弥陀仏とか宗派によっては南無妙法蓮華経とか、死に際にお経を口にする人は、その昔はきっと多かったと思います。

「南無阿弥陀仏」とは、阿弥陀仏が私たち人間を苦しみから救うために授けた妙薬のようなもので、その御礼に私たちは「南無阿弥陀仏」の念仏を唱えるというのが本来の意味のようです。だから、「南無阿弥陀仏」はまさに感謝の言葉。昔の人はそういうことをよく知っていたんですね。

「おはよう！」

柳田正文さん（76歳）は、病院での苦しい膀胱《ぼうこう》がんの治療をやめ、「家に帰りたい」という本人の希望通り、自宅に帰ってきました。

でも、やはり、自宅での治療はむずかしいようで、帰ってきて2日目に血圧低下で意識が朦朧《もうろう》とし始めました。

家族も、正文さんの死の近いことを悟り、大阪から長男、長崎から長女も駆けつけ、家族4人全員が揃いました。

正文さんは皆を「そこに座りなさい」と、ベッドのまわりに集め、こう言いました。

「人生76年、お前たちのおかげで幸せだった。ありがとう」

娘が正文さんに、こんなお願いをしました。

「お父さん、あっちの世界に行く時は、黙って行かんでね。みんながいる時に行ってね」

翌朝、奥さんは正文さんの足をさすり、娘は枕元から、正文さんを見守りました。

仮眠をとった長男が起きてきて、正文さんに「おはよう！」と声をかけました。

すると、正文さんもにっこり笑って言いました。

「おはよう！」

容態が急変したのはその直後で、家族みんなに見守られながら、正文さんは旅立っていきました。

（ああ、お父さんは頑張って、きちんと約束を守ってくれたんだ）

と娘さんは、思ったそうです。

「先生が私の神様なんですから」

湘南のある病院に一人の老シスターが入院してきました。

彼女は盲目で、病室ではいつも枕元のマリア様に祈っていました。

主治医は病室に来ると、よく言ったそうです。

「心配することはありませんよ。あなたには神様がついていらしゃいますからね」

「先生、ありがとうございます。死ぬのは怖くありません」

と、シスターも静かに答えました。

やがて、そのシスターが天に召される日が近づいてきます。すると、彼女は、ある日からマリア像に祈ることをやめてしまいました。心配した主治医が、その理由を尋ねました。

「シスター、どうされたのですか」

すると、声のするほうに耳を傾け、盲目のシスターはこう言ったのです。

「ああ、先生の声がする。先生の声を聞くと安心するのです。死んでも怖くありません。先生が私の神様なんですから」

盲目のシスターが多くの修道女と主治医に見守られながら昇天したのは、それから3日後のことだったそうです。

「お前と一緒になっていがった。ありがとな」

末期がんで再入院した小笠原文男さん（82歳）は、いつ亡くなってもおかしくないほどの状態でした。

そんな状態で、寝たきりだった文男さんが、数日後、何を思い立ったのか、突然、奥さんの前で故郷の『南部馬方節《うまかたぶし》』を歌い出したのです。

ハアー　南部片富士
ハアー　裾野の　ハアー　原はヨー
ハアー　西も　ハアー　東も

ハアー　馬ばかり

そこへ2人の小さな孫が見舞いに来ました。文男さんはご機嫌で『ゾウさん』の唄を「熊さん」に替えて歌って、皆を笑わせました。

また別の日、今度はしみじみと『蛍の光』を歌い出しました。

そして、誕生日に看護師さんと一緒に『ハッピーバースデイトゥーユー』を歌い終えた翌日の夜、眠るように逝きました。

旅立ちの時の文男さんの言葉は、奥さんへのお礼でした。

「お前と一緒になっていがった。ありがとな」

これまで生きてきた喜びと感謝の気持ちを歌で綴り、さらに「ありがとう」まで伝えた見事な最期でした。

「あっ、ごめん、ごめん」

勝沼裕子さんの義父は78歳。大病を繰り返し、口癖は「病気は俺がするけん、誰もせんでよかぞ！」でした。

裕子さんの夫、つまり自分の息子の誕生日には、

「もう、お前も48歳か」

と言いながら祝ってくれましたが、それから4日後に義父は緊急入院します。

裕子さんは、交代で付き添いました。ある晩、裕子さんが、

「お義父さん、大丈夫ですか？」

と、声をかけると義父は「うるさい！」と怒鳴ったそうです。

驚く裕子さんに気づいたのでしょうか、義父が言ったのが、

「あっ、ごめん、ごめん」

義父が息を引き取ったのは、それから2時間後でした。

裕子さんは腹を立てるどころか、義父が嫁の自分に気遣ってくれたことがうれしかったと言います。お嫁さんができた人だったことで救われた例ですが、最期に禍根《かこん》を残すようなことだけは言わないでおきたいものです。

「家族のみんなが俺のほうを向いてくれているのがうれしい」

峰岸瑞枝さんのご主人は、成人T細胞白血病という難病にかかっていました。

ある日医師に「どれくらい生きられますか」と聞くと、「治療しないと余命2週間ですね」と言われました。

「2週間あるのならこのまま帰ります」とご主人が言うと、医師は意固地になって、「2週間といっても、もう少しで意識が朦朧としてきます」と言います。

医師はどうしても治療をしたいようで、そこまで言うのならと、治療をすることになりましたが、その後、さまざまな副作用で苦しみ続けます。

ある日、峰岸さんにご主人は、こう言いました。

「こんなに苦しいことになるとは思ってもみなかった。だけど、家族のみんなが俺のほうを向いてくれているのがうれしい」

それが、最期の言葉だったそうです。

「かあ〜さ〜ん」

大阪の浅見元太さん（57歳）は、末期の肝臓がんでした。

あまりに痛いので、ターミナルケアの病院でつらい痛みを和らげるためにモルヒネを処方してもらい、しばらく眠りにつきました。

どのくらい経ったのでしょうか。突然、浅見さんは、

「かあ〜さ〜ん」

と叫んで、目を覚ましました。そして、右手で酸素マスクをはずし、見守る家族に満面の笑顔で言いました。

「母さんの胸に抱かれたよ。最期に母さんが寄り添ってくれた。母さん、ありがとう」

言い終わると間もなく、自力呼吸停止になったそうです。

最期の言葉としての「ありがとう」。それを見事に使った例を見てきましたが、実は

これ、それまでのマイナスなことを帳消しにできる最終兵器かもしれません。

やはり、人は感謝されることでそれまでの苦労が報われたように感じますし、相手に対するマイナスの感情も軽減されるということでしょう。最期に感謝の言葉を言ったという話を聞くと、聞いているほうも安らかな気持ちになる。そのことも、改めてわかりました。

やはり最期は感謝の言葉で締めるのが、間違いないのかもしれません。

第四章

「そうか、あれが最期の言葉」編

――「あんたが好きなもの、作っとったよ」

その会話が「最期の言葉」かもしれない

ここまで、人が死に際に発したという言葉を、その場にいた人からの情報で拾ってきました。

自分がいつ死ぬかは誰にもわかりませんが、少なくとも、もう長くないとか、そろそろだなというのはわかることが多いと思います。しかし、考えてみれば、そういう人たちが遺した言葉だけが最期の言葉ではありません。

たとえば、あなたが友人と新宿の居酒屋で飲んで、「じゃあ、また今度、新宿で」と言って別れたひと月後、その友人が交通事故で亡くなったとしましょう。

そうすると、あなたにとっては、新宿での出会いが彼との最後であり、その時に交わした「じゃあ、また今度、新宿で」という会話が最期の言葉になってしまうわけです。

実は、僕にも苦い思い出があります。

ある担当編集者と酒を飲んでいたら、その夜にかぎって、彼が妙に僕にからむのです。

もちろん、いつも酒癖が悪いのなら、それなりにあしらうのですが、彼はこれまでにそんなことはなかったので、つい、僕もムカッとして、「うるさいな、あっちへ行けよ」と言ってしまったのです。

すると、彼は一瞬、びっくりして、トボトボと端っこのカウンターに行ってしまいました。

普通なら、気になって、見ていると、背中が丸まって、それは淋しそうに飲んでいました。それからまた飲むことになって、なんとなく仲直りするのですが、その彼とはそれっきりでした。というのは、それからしばらくして彼は病気になり、そのまま亡くなってしまったのです。

（ああ、悪いことをしたなあ。別に、そこまで言わなくてもよかったのに）

今でもどこかに、そんな気持ちがあります。

逆に、僕が死んだら、彼にとっては「うるさいな。あっちへ行けよ」というのが、僕の最期の言葉になってしまうわけです。

つまり、僕たちの生活のなかで、いつその人との最期の会話、その人の最期の言葉になるかわからない。この章では、「そうか、あとで考えてみたら、あれが最期の言葉だったのか」というケースを中心に集めてみました。

「言っておきたいことが3つある」

最初は、僕の身の回りで実際に起こった出来事です。

ある編集部の部長が亡くなる前に、僕の仲間に「3つの指示」を出しました。

一つ目は、「Aに絶対、金を貸すな」。

Aさんという人は、大のギャンブル好きで、僕が知った時はすでに退職金まで前借りして、ギャンブルにつぎ込むなど無茶苦茶をやっていました。

そんな状態ですから、大半の編集部員にお金を借りていたんじゃないかと思います。

ですから、Aさんの上司である部長は、「金を貸すな」と言ったのです。

二つ目は、「Bにギャンブルをやめさせろ」。

Bさんも Aさんと同じようにギャンブル好きだったのですが、Aさんほどのめりこんではいない。やめさせるには今だと思ったのでしょう。

そして最後は「Cを誘い出せ」。

このCさんは内気で、友だちもいない。だから、誘い出して、みんなと仲よくさせなさいということでした。

部長は、それだけ言って、しばらくして亡くなりました。僕の記憶では、故人の指示に従った人はほとんどいなかったと思いますが……。

「前代未聞。これで負けたら笑い者」――北の湖敏満

2015年の大相撲九州場所の10日目。横綱白鵬《はくほう》が栃煌山《とちおうざん》に対して、立合いに相手の目の前でパチンと手を打つ「猫だまし」という技をやって勝ったのを見た北の湖《うみ》理事長は、

「前代未聞。これで負けたら、横綱として笑い者だ」

と、苦言を呈しました。

横綱はただ勝てばいいのではない。強さと品格が大切だということを改めて伝えたか

ったようです。大横綱の白鵬に対して、そんな厳しいことを言えるのは、北の湖理事長しかいません。ところが、それから2日後の12日目、体調不良で病院に。そして、13日目の夜、多臓器不全で亡くなりました。62歳でした。

かなりの無理を押して理事長としての仕事をこなしていたようで、そういう北の湖さんのお人柄は、多くの信頼を集めていたようです。

その北の湖さんが横綱に発した苦言は、まさに、「そうか、あれが最期の言葉」でした。

「君は平和について今どう考えてる？」――奥平康弘

憲法改正問題が論議を呼んでいますが、護憲派の市民団体「九条の会」の呼びかけ人の一人で、憲法研究者の奥平康弘さんが２０１５年1月に亡くなりました。85歳でした。亡くなる前夜、地元の集会から帰宅した奥平さんは寝室で、奥さんにこう尋ねたそうです。

「君は平和について今どう考えてる？」

「平和は一人ひとりが考え、九条を中心に打ち立てていかなければならないと思う」

奥さんが答えると、納得した表情をしていたそうです。

その翌日、康弘さんは急性心筋梗塞《しんきんこうそく》で亡くなったのですが、実に憲法研究者とその奥さんらしい最期の会話だと思います。

朝、起きてこないので見に行ったら死んでいた、という話は時々聞きます。面倒をかけないという意味では、本人にとっても周囲にとってもある意味、理想の死に方かもしれません。ただしこの場合、前の晩の会話が最期の言葉になりますから、寝る前の一言には気をつけましょう、ということになりますね。

「風が強そうだから、今日の飛行機、怖いね」――坂本九

僕たちの若い頃、大人気だった坂本九さん。「九ちゃん」の愛称で呼ばれ、『上を向いて歩こう』とか『明日があるさ』など、国民的ヒット曲と言っていい歌は、今でも歌い継がれています。

その九ちゃんが、１９８５年のあの墜落した日航機に乗っていたと聞いた時、多くの国民が驚いたことでしょう。

のちに、九ちゃんの最期の言葉が明らかになりました。

「風が強そうだから、今日の飛行機、怖いね」

まさに「虫の知らせ」だったかもしれません。九ちゃん、43歳の時でした。

「虫の知らせ」というのは、中国の道教の教えのなかにある話で、人間の体内には生まれた時から虫が住んでいて、人が寝静まると、虫が体外に出て、天帝にその人が何を考えているか教えるというところから、来ているそうです。

もちろん、本人はそんなことを意識せず、何気ない一言を言っただけでしょうが、ひょっとすると、私たちが発する言葉というのは、自分が言っているのではなく、何かの力によって言わされている、といった面があるのかもしれません。

「あんたが私の息子でよかった……」

宮崎の医師、細見潤一郎さんのお母さん、茂子さんは95歳になっても、とてもお元気だったのですが、ある時から、食がとても細くなり、そのうちに熱が出て、寝たきりの生活になってしまいました。

普通なら、すぐに病院へという流れですが、細見先生はお母さんのことを考え、あえて孫もいる細見先生の自宅で看取ることに決めました。

そして、先生も病院での診察以外のスケジュールをすべて断り、休日はもちろん、すべての空いている時間をお母さんに寄り添いました。

「大丈夫だよ、お母さん、いつでも一緒だよ」

と、先生がお母さんに話しかけると声にならない声で、お母さんは、こう言ったそうです。

「あんたが私の息子でよかった……」

その時、先生は涙があふれて、止まらなかったそうです。

それからしばらくして、いつものように、「おやすみ」とお母さんに声をかけ、自分の部屋に戻った細見先生。翌朝5時半にお母さんの部屋に行くと、とても穏やかな顔で、すでに旅立っていたそうです。

「兄ちゃん、まだかなあ……」

若い頃、奥さんと離婚し、そのまま独り身で生きてきた谷口和弘さん（75歳）は心臓手術の当日、病室で、

「兄ちゃん、まだかなあ……」

と、そればかりつぶやいていました。

和弘さんの身寄りは、80歳のお兄さんとその家族だけで、朝9時からの手術でしたが、まだ誰も病室に来ていません。

看護師たちがやってきて、手術着に着替えた和弘さんがストレッチャーに乗せられた

時、ようやくそのお兄さんが息せき切って病室に駆け込んできました。

「兄ちゃん……」

そのひと言を残し、和弘さんは手術室に消えていきました。

7時間後、ずっと待っていたお兄さんに医師が事務的に、こう告げました。

「谷口和弘さん、今、お亡くなりになりました」

手術が成功していれば何でもない言葉だったのですが……。

「今夜、晩飯はいらない」

「今夜、晩飯はいらない」

吉沢和子さんの夫は、その日の朝、そう言って家を出ました。

その日は夕刻より雨が降り出し、6時を過ぎると急に雨足が早くなりました。

和子さんは、ひょっとしたら夫は予定が中止になって早く帰ってくるかもしれないと、夫の好物の大きめのハンバーグを焼いておきました。でも、10時を過ぎても帰ってきません。

和子さんは、仮眠をとろうと、毛布をかぶってソファに寝転がった時、電話が鳴りました。警察からでした。

「あなたのご主人らしき人が神社で首をくくって自死しました。本人かどうか、確認をお願いします」

本格的な雨になった深夜、和子さんは、現場に向かいました。

日本の自殺者は年間約3万人以上もいるそうです。ということは、毎日、100人近くが自殺によって亡くなっていることになります。

その人が今日自殺するなどと誰もわかりませんから、その数だけ、思えば「あれが最期の会話」「最期の言葉」があるわけです。


「あんたが好きなもの、作っとったよ」

これも自殺者の最期の言葉です。

長崎明子さん（21歳）の姉は、２歳の男の子のいる専業主婦。

彼女は８人きょうだいの長女として、みんなから慕われ続けていました。

明子さんは夏休み、姉の家に泊まりに行きました。家に着くと、テーブルの上にはずらりとならんだ姉の手料理。塩さば、卵焼き、きんぴら、混ぜご飯、ポテトサラダ……。

目を丸くする明子さんに、

「あんたが好きなもの、作っとったよ」

と言って、歓迎してくれました。

しかし、それから３カ月後、緊急の知らせがあり、明子さんは姉の家に向かいました。

そこには、布団に寝かされた姉の亡骸《なきがら》が。泣き続けた明子さん。

お姉さんは、投身自殺でした。

お姉さんに何があったのかはわかりませんが、「あの人がなぜ……」という自殺は意外に多いと聞きます。人間というのは時に人に言えない悩みを抱えているものなのでしょうか。

「自分の身に何が起きても自分に責任がある」――後藤健二

ジャーナリストの後藤健二さんと民間軍事会社の湯川遥菜さんが過激派組織イスラム国（ＩＳ）の人質となり殺害された衝撃のニュースは、まだ記憶に新しいものです。

ミリタリーショップなどの事業に失敗して多額の借金があった湯川さんは千葉県に住む父親に、

「これが人生のラストチャンスだ」

と言い残して、シリアに向かったそうです。

一方、その湯川さんを助けるべく現地に向かった後藤さんは、「自分の身に何が起きても自分に責任がある」とビデオメッセージに言い残していました。これが、後藤さんの最期の言葉となりました。

日本政府の制止を振り切ってまでシリアに向かったようですから、まさに「決死の覚悟」だったのでしょう。

それについてとやかく言うつもりはありません。ただ、それにしても、二人の砂漠での映像は衝撃的であったことは間違いありません。

「こんなんだったら、死んだほうがマシだ！」

伊藤敦子さんは、母親が危篤だと聞いて、病院に飛んでいきましたが、病室に着いた時は、お母さんは、すでに亡くなっていました。

前日、見舞った時は元気だったのに、どうしたのだろうと訝《いぶか》しがって、先生に聞くと、「急変です」としか言ってくれません。

あとで、いつも面倒を見てくれていた担当の看護師さんに聞くと、彼女は教えてくれました。それによれば、お母さんが前夜、なかなか寝ないでデイルームに座っているので、「どうしたんですか？」と看護師さんが聞くと、伊藤さんのお母さんはこう答えたと言います。

「こんなんだったら、死んだほうがマシだ！」

それを聞いた伊藤さんは、こう思ったそうです。

「最期の言葉って、遺族が何度も思い出したい言葉とはかぎらないんですね」

「被害者である私を責めるのか」

これだけ注意喚起がされているにもかかわらず、振込め詐欺、オレオレ詐欺の類は、手を替え、品を替え繰り返され、被害金額も増え続けているようです。

木村武男さん（80歳）は、息子をかたるオレオレ詐欺にひっかかり、1800万円を奪われてしまいました。

「株で失敗して、会社に損害を与えてしまった。親父、どうにかならないか。少しでもいい。あったら、貸してくれ。一生かけて、必ず金は返すから」

こんな偽の息子の言葉を信じて、受け取りに来た上司を名乗る男に大金を渡してしまったのです。

そのことがわかると、息子をはじめ、身内から激しく非難されました。

木村さんは、それから、数日後、この言葉を残して自殺しました。

「息子よ。お前のことを心配するあまり、金を渡したんだ。お前は、犯人を責めないで、被害者である私を責めるのか」

息子のことを思ってお金を用意したのに、それを息子に責められたら、親としては辛いものがあるでしょうね。騙された自分を責める気持ちもありますし、こういう時の周囲の態度は、当事者になってみなければわからないほど難しいものがあると思います。

「どうか、家に帰してください」

吉田久さんのお母さんは、90歳を過ぎてから、身体が弱くなりました。嫁姑の仲がうまくいってないので、吉田さん夫婦はお母さんが病気になると、すぐに病院に入れてしまったようです。

しかし、病院も3カ月過ぎると置いてくれず、退院させられてしまう。そんなことが何回か繰り返されたあと、吉田さんは、お母さんを退院後、別の病院に入れるべく交渉を開始し、お母さんを必死で説得しました。

お母さんも、息子の頼みですから、いったんは了承しました。そして、また入院して3カ月がたとうとしていました。

お母さんは、今度、退院したら、施設に入らなければなりません。その時、見舞いに来た久さんに、お母さんは手を合わせて言ったそうです。

「どうか、家に帰してください」

いつも、気の強いお母さんがめずらしく弱気でした。

「うん、お医者さんに相談してみるからね」

久さんがそう言った3日後、お母さんは亡くなりました。翌日が退院の日だったそうです。

「家に帰りたい」「家で死にたい」と思う人は多いようですが、なかなかそうさせてもらえないのが現代社会というものです。本当にそうしたかったら、元気なうちから人間関係に気を遣い、そうさせてもらえるような努力も必要かもしれません。

「さあ、始まるぞ」

浪曲の好きな人はまだけっこういるらしく、今でも浅草の木馬亭という浪曲専門の小屋が存在しています。

ある日、友人と一緒に浪曲を聞きに行った細井秀一さん（61歳）は、1時間前から木馬亭前に並び、会場と同時に中央のいい席に座りました。

そして、開演まで30分、その友だちと今日の聞きどころを熱く語り合いました。やがて、開幕ベルが鳴りました。

「さあ、始まるぞ」

細井さんがそう言って、2人で正面を向いた直後でした。

「グーッ」といういびきにも似た音がして、友だちが横を見た時、細井さんの意識はもうありませんでした。

友だちはあわてて立ち上がり、「すみません、救急車を呼んでください」と大声で叫

びました。開演直前の会場は混乱しましたが、さすが浅草の人たちです。2人が座った列の客に、

「早く立って、そこをあけて！」

「おい、救急車はまだか！」

と言って、みんなで協力してくれました。

救急車が来て細井さんは病院に運ばれましたが、すでに死亡していました。急性心筋梗塞でした。

その友だちは、いまだに怖くて劇場に行けないそうです。

「言い残したことが100個ある」

76歳の柳沢康夫さんは、末期のすい臓がんで1年半の在宅医療を受けていました。

実家は、水産加工会社を経営していたのですが、家業はつがず、大阪に出て、歓楽街のキャバレーの舞台照明係をしていました。

やがて、そこで知り合った女性と結婚。その後はホテルのボイラーマンをやりながら生計を立てていました。

そんな柳沢さんが亡くなる前のことです。

意識がすでに朦朧としていたのに、柳沢さんは突然、カッと目を開け、そばにいた奥さんに、こう言い放ったのです。

「お前に言い残したことが100個ある」

そう言うと、安心したのか、再び、昏睡《こんすい》状態となり、5日後に亡くなりました。結局、100個の話を一つも伝えず迎えた最期でした。

「母さん、ランの鉢、持ってきて」

末期の尿管がんを患っていた58歳の男性の話です。

在宅医療を受けていたのですが、ある日、その男性が育てていた寒ランの花が予定より1カ月早く咲いたのです。

医師が「寒ランの花が咲いたそうですね」と言うと、すでに全身の倦怠《けんたい》感が強く、寝たきりだった彼は、ムクッと起き上がって、奥さんにこう言いました。

「母さん、ランの鉢植え、持ってきて」

奥さんが鉢を持ってくると、それを手にして、それから延々30分、寒ランの話をしたそうです。

その10日後、その方は満足そうな顔で、亡くなったそうです。

終末期になると、自分の体が弱っていく代わりに、植物などの自然がそれまでよりもいっそう美しく感じられ、愛おしくなることがあるようです。生命への憧れのようなものが出てくるのかもしれません。

「また、来てな〜」

お母さんが亡くなって2年ほどたったある日、宮崎浩子さん（50歳）のもとに、姉から「私たちにお姉さんがいるらしい」と突然電話がありました。

聞けば、母親は浩子さんたちを生む前に、お父さんとは別の人と結婚していた時期があり、子供がいたと言うのです。お母さんが亡くなったのを聞いたその女性から手紙が来て、そのことがわかったようです。

お母さんから、そんな話は何も聞いていませんでしたが、ともかく2人はその女性に会いに山奥の寒村に行って、驚きました。お母さんそっくりの女性がいたからです。

その人は、2人を睨《にら》みつけ、母親に捨てられた自分がいかに苦労したかの恨みつらみを言いました。

その女性は、一人暮らしでした。

それがきっかけとなり、浩子さんはそれから何度も父親の違う姉のもとに通って、話を聞いてあげました。

そのうちに、彼女も落ち着き、自分の畑で作った野菜を山ほど持たせてくれたりしました。

「今度、来た時はホウレンソウができてるでなあ。また、来てな～」

と、別れ際に手ぬぐいを振っていました。

それから2カ月後に、その女性は亡くなったそうです。60歳でした。

「きっちゃがましい！」

95歳の佐川トシさんは、最期まで気丈な人でした。

息子が晩酌していると、「酒ばかり飲んでると命とられるぞ」と口やかましく叱るほどでした。

そんなある日、茶の間でひ孫が走り回って遊んでいた時のことです。トシさん、よほど、気に障ったのでしょう。

「きっちゃがましい（やかましい）！」

と、ものすごい勢いで怒って、自分の部屋に入って寝てしまいました。

そして、そのまま、二度と起きてくることはありませんでした。

血が上ったのがいけなかったのでしょうか。それにしても、「あれが最期の言葉だった」と言われたくないような最期の言葉です。

　せっかく、こんな本を出しているのに、カーッとなって怒鳴った罵声《ばせい》が、僕の最期の言葉として記録されるのはかなわないですから。

「鈴虫、面倒みてくれんか」

　めったに電話をくれないお父さんから電話がありました。安田則子さんは、驚きました。

「則子、元気か」

「ああ、元気よ。お父さんは？」

「元気だ。お前に頼みがあってさ。鈴虫が増えちゃって、お前のところで何匹か面倒みてくれんか」

「どうしたの、お父さん、いつもなら全部、自分で面倒みてたじゃない」

「だろう、そう思うよね。まあ、いいか、そのうち頼むわ」

　その翌日、お父さんは他界しました。54歳でした。

あとでわかったことですが、お父さんが則子さんに電話をくれた日は検査入院をして、異常が発見されず、翌朝、退院の予定でした。

お父さんも則子さんも、もちろんそんな会話が最後になるとは思っていませんでした。

まさに〝虫の知らせ〟ということかもしれませんが、まったく、人の寿命はわからないものです。

第五章

「言葉にならない最期の言葉」編

――ただ、涙を流していた

黙って帽子を振る別れの儀式

第二章で、鹿児島の知覧という昔の特攻隊の基地に行った話を書きました。

特攻隊員たちの遺書や遺品、写真に胸を打たれたわけですが、その時、「帽ふれ」という別れの儀式があったことを知りました。

飛行場や空母から飛び立つ戦闘機を、後に残る者たちが見送る時の儀式で、帽子を振ることから「帽ふれ」と呼ばれていたそうです（今でも自衛隊では行われているようです）。

しかし、この飛び立つ戦闘機が特攻機ということになれば、同じ別れの儀式でも、まさに「言葉にならない最期の言葉」として、「帽ふれ」が行われることになります。

「総員、見送りの位置につけ！」

そして、全員が滑走路の端に整列すると、特攻機のエンジンがかかり、特攻機が滑走をはじめます。

「帽ふれー！」

この号令で全員が別れの帽子を振ります。帽子の振り方は、帽子のつばを持って時計と逆回りに360度腕を回転させると聞きました。

その後、特攻機は空へと消えていきます。

「帽もとへ！」

これで、別れの儀式が終わるのです。

ツーが途切れた

一方で、特攻機に関して、こんな無言の別れもありました。

この事実は、あまり知られていません。

戦況が悪化した1944年9月、連合艦隊司令部は横浜にある慶應義塾大学の日吉キャンパスに移転し、地下壕《ごう》のなかから作戦を指揮しました。

しかし、戦争末期、横浜から指令されたのは悲劇的な作戦でした。

元通信兵は、こう証言しています。

特攻隊の飛行機とは、無線でつながっていて、飛び立つと「ツー」という音を出しっぱなしにしていたそうです。

つまり「ツー」と鳴っていれば、その特攻機は飛んでいるという証拠です。そして、それが途切れた時が敵艦に突撃した瞬間だったのです。

これも、まさに、言葉にならない最期の言葉でした。

ただ、涙を流していた

話を現代に戻しましょう。

宮城県のY・Oさんの父親は、認知症でした。

話すことも、歩くことも、食べることもできなくなり、寝たきりで点滴の生活をしていました。

Y・Oさんの勤め先の途中に実家があるので、仕事の途中で実家に寄って、お父さんの様子を診るのがY・Oさんの日課になっていました。

ある日、夜勤明けに父親の顔を見に寄ると、お父さんは、Y・Oさんの顔を見て、涙を流して、何かを言いたそうでした。

「お父さん、なに、泣いてるの。また明日、来るから」

そう言い残して、Y・Oさんは自分の家に戻りました。

その日の夜、お父さんは亡くなりました。

あの涙は何だったのだろうと、Y・Oさんは今でもその日のことを思い出しているそうです。

たしかに認知症のおじいさんが涙を流している光景は、不思議なものだったでしょう。

ある種の認知症になると、だんだん言葉も忘れていってしまうと言います。涙を流すことで何かを伝えたかったのかもしれません。

何度も強く、首を横に振った

フリーの編集者、長谷川勇司君は30代で、仕事もできたので、編集部員だけでなく、まわりの女性群にも、大変に人気がありました。

そんな彼が肺がんになってしまいました。

どんどん病状は悪化し、余命もいくばくもなかったある日のこと、家族が病室に集まってきました。

その時、知り合いの編集長が派手な衣裳を着た女と小さな子供を連れてやってきたのです。

すると、女はベッド脇に駆け寄り、子供を抱くと言いました。

「パパだよ、パパって呼んでいいよ」

いきなりのことに驚いている家族に、編集長は冷静に話し始めました。

「この子は、長谷川君の子供です。この女性はバーのママで、長谷川君がかつてつきあっていた女性です。長谷川君の病状が悪化していると聞いたので、ママに知らせたら、亡くなる前にこの子をパパに会わせたいというものですから、大変申し訳なかったのですが、お連れしたのです」

見れば、その子は長谷川君にそっくりでした。

しかし、ベッドでは長谷川君は、激しく首を横に振っています。

声にはなりませんが、「違う、違う」と言っているようでした。

「すみません、よくわかりました。では、その女性の連絡先だけ聞きますので、今日のところはお帰り下さい。必ず後日、連絡をしますから」

とお父さんは、その3人を帰し、長谷川君に聞きました。

「いいんだよ、本当のことを言って。お父さんは怒らないから」

長谷川君は、最後の力を振り絞るように、首を何度も何度も横に振りました。

「俺の子じゃない、俺には子供なんかいない」

と叫んでいるようでした。

そして、まもなく昏睡《こんすい》状態に陥り、帰らぬ人となりました。

葬式が済んだあと、事情を聞いた一人の友人がお父さんに言いました。

「お父さん、その子は長谷川の子じゃないですよ。絶対、違います」

それからしばらくして、長谷川君のお父さんがその女性に800万円払ったことを聞いたその友人は、お父さんを訪ね、DNA鑑定もせずになぜ、そんな大金を払ったのか聞きました。お父さんは、こう言いました。

「いいんですよ。もし、あの子が勇司の子だったら、私の孫でしょう。一人息子の勇司がいなくなっても、孫がこの世にいると思えればうれしいじゃないですか」

その友人は、いまだに「俺の子じゃない」と首を横に振り続けたという長谷川君を信じているそうです。

坊主嫌いが合掌した

大塚美樹さんのお父さんは、晩年、家で寝たり起きたりの生活をしていました。

亡くなる前年の大晦日の夜は、年越し蕎麦を驚くほどたくさん食べ、少し持ち直したかなと、皆を喜ばせてくれました。

明けて1月、美樹さんのお母さんがお父さんの背中をいつものようにさすっていると、「もういい」とばかりに手で遮り、あろうことか、お父さんは、お母さんに向けて合掌をしたのです。

「大の坊さん嫌いなのに、両手を合わせるなんてちょっと変ね」

お母さんがそう言いながら洗濯物を干しに庭に出て、しばらくしてお父さんの部屋をのぞいたところ、お父さんはラジオを聞きながら、亡くなっていました。

これはある意味、三章の「ありがとう」の分類に入ると思いますが、言葉がなく、ただ合掌という行為があったケースです。

昔の男は「ありがとう」と素直になかなか言えない人もいますから、合掌で感謝の気持ちを表したのでしょう。合掌は神様、仏様といった自分より上に立つ存在への祈りのポーズですから、最期に合掌というのは、印象としては悪くないかもしれません。

亡き妻が目の前に

死期が近づいていた鈴木勝治さんは、ある日の夜から呼吸が細くなり、翌朝から酸素吸入が始まりました。

その時、10年前に亡くなった妻のお姉さんがお見舞いに見えました。

義姉は勝治さんのベッド脇に飾ってあった奥さんの写真にそっくりの顔で、まるで写真から抜け出たようでした。

すると、勝治さんの表情が急に生き生きとなり、何か言いたそうに目を大きく見開きました。奥さんが迎えに来てくれたと思ったようです。

勝治さんは、亡くなった奥さんに久しぶりに会えて、うれしくてしかたがないという様子だったそうです。そして、それから3時間後、息子夫婦、お孫さんに囲まれながら、旅立っていきました。

最期にこういう勘違いが起こるのは幸せかもしれません。「うれしくてしかたがなかった」3時間は、いったいどれだけ楽しかったことでしょうか。

最後の力で、握りしめた

最後にもう一つ、感動的な話を紹介しましょう。

K・Jさんのお父さんは昔、機関車の運転手でした。定年後は、農作業を続けていましたが、ある時から、重い病にかかってしまいました。

家族は、病院で一人にさせるより家で看病しようと、在宅医療を続けました。お父さんは、見舞ってくれる人に手を合わせて感謝していました。

そんなお父さんも79歳になって死期が訪れます。

亡くなる数時間前、お父さんの手をさすっていたKさんの手を、お父さんが突然、強く握りしめたそうです。

その時、Kさんにある記憶がよみがえりました。

それは、24年前の娘さんの結婚披露宴でのこと。花束贈呈が終わった彼女は、お父さんのもとに行き、感謝の気持ちを伝えました。すると、お父さんは涙をこらえ、絞り出すような声で、「頑張れよ」と順子さんの両手を力強く握りしめた、その時の感触を思い出したのです。

Kさんは、死の床から自分に贈ってくれたお父さんの最後のエールだと思ったそうです。

新聞の投書欄で読んだ話です。人間、たとえ、うまい言葉を言うことができなくても、感謝の気持ちも伝えられるし、この方のように、娘に「お父さんは死んでしまうけど、いいか、頑張れよ！」という思いを伝えられることを示してくれています。

言葉は使い方によっては便利なものですが、下手をすると勘違いや誤解を生んだりもします。喋《しゃべ》るのが苦手だと思ったらこういう手もある、というより、言葉よりもストレートに感情を伝える方法はあるということでしょう。

第六章
死ぬ時に後悔しないために

最期の言葉で、逆転サヨナラホームラン

ここまで、有名、無名を問わず、たくさんの人たちの最期の言葉を見てきました。なかには、最期がこれでは……というものもありましたが、なかなか皆さん個性的で、味わいのある言葉を発しているものだと感心しました。

ここに紹介した人たち以外にも、もっといい最期の言葉を遺した方もいらっしゃることでしょう。人間は必ず死ぬわけですから、今日もどこかで素晴らしい最期の言葉が告げられているかもしれません。

ただ、こうして見ていくと、突然死や孤独死ではなく、最期の言葉を遺せる人は幸せだと思うのと同時に、人はその言葉一つで、それまでのイメージを覆すこともできる、そのラストチャンスが最期の言葉だということです。

言い換えれば、言葉の使い方次第で、それまで三振を繰り返していた人も、最終回に逆転サヨナラホームランを打てるかもしれない、ということです。

最後のひと言で、すべてが帳消しになるとまではなかなかいかないでしょうが、その

後は言葉を発しないのですから、最期の言葉というのは印象に残るわけです。

とすれば、これまで「悪い人」だったかもしれない人、奥さんや家族にちょっと負い目のある人は、自分の最期の言葉は、早めに考えておいたほうがいいかもしれません。

まだ先のことだと安心していてはいけません。いつ、何が起こるかわからないですから、自分が死ぬ時に、周囲に人がいることを想像しながら、最期の言葉を今から準備しておくほうが賢明でしょう。

「ありがとう」は、最終兵器

その意味でも、最期の言葉に一番ふさわしいのは、やはり「ありがとう」でしょうね。

家族に囲まれたなかで何かひと言言うとすれば、「ありがとう」は最低限言わなければいけない言葉かもしれません。

感謝されると、それまで迷惑をかけられていても、どこかその人のことを憎めなくなるという経験は、元気な世代の方々でもよくあることでしょう。「ありがとう」という言葉は漢字にすれば「有難う」。あなたは私に「有ることが難しい」くらいのこと、普通ではなかなかないことをしてくれたと感謝するのが「有難う」ですから、使い方によっては絶大な効果があるということです。

人は、一般に、死に際にはウソは言わないだろうと思っていますから、どんなに奥さんを泣かせたり、家族を困らせたりしていても、今わの際に「ありがとうな」と言えば、「いろいろひどい目にも遭ったけれど、感謝してくれていたのかな」と許す気持ちになってくれることもあるでしょう。

その意味でも、わずか5文字で平凡な言葉ですが「ありがとう」という言葉は最終兵器かもしれません。

もっとも、三章で紹介した「ありがとう」は、心からの家族への感謝の意味ですので、誤解のないようにお願いします。

くれぐれも失言はしないように

別の角度から、家族に囲まれて亡くなる場面を考えて見ると、最期の言葉を言う瞬間というのは、まさに独壇場。

歌舞伎で言えば、「待ってました！」と掛け声がかかるような名場面です。みんなが死の床に集まり、じっと見守っています。そこで、ひと言。そして、事切れる。それが、最期の言葉の最大の力ですから、絶対に失言はいけません。

「小百合、長い間、ありがとう！」

「あたしは、ヨネ子だよ！」

これはもう取り返しがつきません。何も言わないほうがはるかにマシです。

また、奥さんに謝ったのはいいけれど、

「すまなかったなあ。俺との人生は、なかったことにしてくれ」

これも許されません。

亡くなったあと、「あたしの人生、返しておくれ！」と遺影に思い切り灰が投げつけられることでしょう。

「あとをよろしく」はNG

最期に思わず言いそうな言葉のなかに、「あとを頼む」とか「○○をよろしく」という言葉があります。

一見よさそうですが、できれば、死に際にお願いはしないほうがよさそうです。なぜなら、頼まれたほうは死を利用して、強引に押しつけられた感じがするからです。たとえば、家を顧みず、好き放題遊んでおいて、死ぬ間際に、「おふくろをよろしく」と言われた奥さんがどう思うか、考えてみたらわかります。

とくに認知症や寝たきりの人の介護をお願いするのはだめでしょう。お願いされなくてもやる人はやるし、やらない人はお願いされてもやらないからです。

ただし、息子や娘に「ママを頼む」と言うのはアリかもしれません。奥さんは、そう言われたら、(ああ、この人、なんだかんだ、いろいろあったけれど、私のことを心配してくれているんだわ。いいとこあるじゃないの)と思いますから。

秘密は墓場まで持っていく

政治家の秘書が自殺をしてしまったために、証拠不十分となり、政治家が政治生命を奪われずに済んだというケースが過去に何回もありました。

僕は、そのたびに、その秘書は根性が据わっているなあと思います。

この場合、最期の言葉は「沈黙」です。

自分はすべてを知っているけれど、黙って死ねば、先生が罪になることはないという覚悟で、死んでいくわけです。

まさに、秘書魂です。人間、なかなか一人で罪を背負っては死ねないと思います。その意味では、もし、あなたに何か重大な秘密があったら、最期まで本当のことを言わず、秘密を抱いて死ぬのも一種の美学かもしれません。

「墓場まで持っていく」と言いますが、いったんそう決めたらそれを貫かなくては美しくありませんから。

いい思いを脳に刷り込んでおく

臨死体験をした人の話を聞くと、「お花畑に行った」とか、「三途《さんず》の川を見た」とか言う人がたくさんいます。

しかし、これは「脳への刷り込み」が死の淵に浮かび上がって映像として出てくるのではないかという話を書きました。

だとしたら、「死んだら、こんなところに行く」というイメージを今から脳に刷り込んでおいたらいいのではないでしょうか。

あの世へ行くと美人が出迎えてくれて、おいしいご馳走や酒が飲み放題などという世界を思い描くのは下世話な男かもしれませんが、まあ、人間そんなに高尚な人ばかりではありませんから、そんな願望を持つ人も結構いることでしょう。

そんな願望でも常に思い描いていると、意外に、そんな夢を見ながらあの世に行けるのではないでしょうか。ひょっとしたら、「浦島太郎」が龍宮城に行ったのは、臨死体験だったかもしれません。

女性だったら、高級レストランでフランスの美男のギャルソンに囲まれて、フランス料理を召し上がっているような刷り込みもいいかもしれません。

死の瞬間は、混濁して幻覚を見たりするそうですから、いい夢を見たまま死ねたら、かなりいい最期になるのではないでしょうか。

遺言は、毎年書いて翌年改訂

前著『50歳からの「死に方」』の最後に、僕の遺言を書いておきましたが、その最後にこう記しました。

最後に、僕はきっとゲーテの「もっと光を！」のような死に際の名文句を言うと思いますので、必ず、メモとペンを用意しておいてください。その言葉を必ず、朝日、読売、毎日、日経、報知、スポニチ、日刊スポーツ、デイリー、日刊ゲンダイ、夕刊フジなどの新聞社に見出しになるように手配してください。

モーニング、イブニング、ビッグコミックオリジナルにも、ついでがあったら伝えてください。

この遺言状は、来年の正月にまた書き換えることにします。以上

ま、これはもちろん冗談ですが、もし事故にあったり、突然死したりすると、最期の

言葉どころではなくなってしまいます。

そのために、一定の年齢に達したら、遺言状を書くことをおすすめしますが、その際、一番重要なのは先に示した僕の遺言状のように、「この遺言状は……」で始まる最後の一行。人間には環境や気持ちの変化が付き物ですから、変わったら変わったように、改訂していくことが大事です。

最期を任せられる親友をつくっておく

あと、最近、つくづく思うことですが、もし、今、救急車で運ばれて、そのまま死ぬようなことになったら、あなたはどうしますか。

私の知人で、そんなことになってしまった人がいました。

自宅で風呂あがりに心筋梗塞で倒れて、救急車で運ばれ、結局は亡くなったのですが、死後が大変でした。

彼は、自分の事務所を持って仕事をしていましたが、奥さんが事務所の彼の机のなかを整理したら、見られてはいけないものがたくさん出てきたのです。

あえて、具体的に書きませんが、かなりヤバイものでした。

いったん奥さんに疑われたら大変です。パソコンのメールはもちろん、スマホも徹底的に調べられました。

最近ではスマホのＬＩＮＥトークの内容まで、すべて漏れてしまうほどですから、デジタル機器のなかにあるものは危険です。生きている人がセキュリティ対策をしていても思わぬところから情報が漏れる時代ですから、こちらが死んでいたら、調べられ放題です。

死に瀕した時、そうした秘密漏洩《ろうえい》から自分を守るには、どうしたらいいでしょうか。

それは、「親友」をつくっておき、お互いに元気なうちに、どちらかが緊急事態に陥った時は、引き出しのなかからパソコン、スマホ、携帯にいたるまで、すべて内容を消去するという「盟約」を交わしておくことです。

そのためには、事務所の合鍵を渡しておくぐらいのことは必要でしょう。そこまでやってくれる「盟友」をぜひご用達ください。

著名人の最期の言葉抄録

・「もし、天命があと5年あったら、本物の絵師になれただろう」――葛飾北斎（88歳）
・「最期の言葉なんてものは、生前に言い足りなかったことがあるバカタレのためにあるものだ」――カール・マルクス
・「美知様、お前を誰よりも愛していました」――太宰治
（妻にそう遺言を残し、太宰は愛人と入水自殺した）
・「若《も》しこの人生の戦いに破れしときには汝《なんじ》らの父の如く、自殺せよ」――芥川龍之介
・「葬るに分を越ゆることなかれ。墓や碑を立てるなかれ。ただ土を盛り、その脇に松か杉一本を植えれば足る」――二宮尊徳
・「老人になって死でようやく解放され、これで楽になっていくという感じがする。まったく人間の生涯というものは苦しみの連続だ」――高村光太郎
・「生も一時のくらいなり。死も一時のくらいなり。たとえば、冬と春の如し。冬の春となると思わず、春の夏となるといわぬなり。人の悟りを得る。水に月の宿るがごとし」――道元

終章　僕が好きな最期の言葉

『荒野の七人』に見るウソも方便

僕がまだ中学生の頃に見た映画に『荒野の七人』という西部劇がありました。

黒沢明監督の『七人の侍』をもとに作られたアメリカ映画で、もちろん、『七人の侍』は大傑作だったのですが、『荒野の七人』も、これはこれでとても面白かった思い出があります。

毎年、収穫期になると村を襲ってくる無法者たちに苦しめられていた村人たちが、七人のガンマンを雇って、村を一緒に守るというストーリーで、当時の人気スター、ユル・ブリンナー、スティーブ・マックィーン、ジェームズ・コバーン、チャールズ・ブロンソンなどがそのガンマンを演じていました。

その最後のほうで、とても印象に残る「最期の言葉」がありました。

7人のなかの一人、ハリー（ブラッド・デクスター）は山師で、「村の護衛代20ドルというのは建前で、本当は巨額な報酬がもらえるんだろう」と思い込んでいます。

彼は、いったん6人と別れるのですが、その巨額な報酬のことが忘れられず、また戻ってきて、無法者の集団カルバラ一味と戦うのですが、7人のなかで最初の犠牲者になってしまいます。

その時、リーダーのクリス（ユル・ブリンナー）は、瀕死のハリーにこう言うんです。

「実は、村に50万ドルの金があるんだ。だから、分け前は一人7万ドルだ」

すると、ハリーは「やはり、そうか」という顔をして、「戻ってきてよかった」と言って、息を引き取ります。

もちろん、ウソです。そんな報酬はもらえませんが、巨額な金を手にできると信じて死んでいく仲間に、「お前の言う通りだったよ」と思わせ、ウソをついて喜ばせてあげたわけです。

こういうウソはあっていいと思います。今、亡くなろうとしている人が心配していることがあったら、それをウソで解消してあげる。安らかな気持ちで旅立てるようにしてあげるウソは許されると思います。

「おじいちゃん、医学部、合格したよ」

「おお、そうか、よかったなあ……」

医学部を受験した孫が、まだ合格発表がなくても、孫が医者になることを何より楽しみにしている祖父に、そんなウソも許されると言ったら、間違いでしょうか。

『明日に向かって撃て!』の最期の言葉

映画で思い出しましたが、『明日に向かって撃て!』の最期の言葉も忘れられません。

これは見た人も多いでしょう。

ブッチ・キャシディ(ポール・ニューマン)とサンダンス・キッド(ロバート・レッドフォード)の銀行強盗の2人組の映画です。

頭脳明晰《めいせき》なブッチと美男子で早撃ちのキッドは、次々と銀行強盗を企て、成功し、やがて、足を洗いますが、やはりもの足りない。そこで、また稼業に戻ります。

しかし、最後の銀行強盗で失敗し、追われる立場になり、南米のボリビアに逃げます。そこで、また銀行強盗をやるのですが、最後に2人がいる家を警察隊に包囲されてしまいます。もう逃げ切れません。かなりの銃弾も受けています。

外に出たら、蜂の巣のように撃たれることはわかっている。でも、とにかくここから出ようとするのですが、その時の2人の最期の言葉がいいんです。

そんな状況でも、ブッチはキッドに、これからの計画を持ちかけます。

「いい国があるんだ」

「お前の言うことを聞いて、このザマだぜ。でも、そこに銀行はあるのか。で、そこはどこだ」

「オーストラリアさ」

「じゃ、さっさと片づけて、こんな国ともおさらばしようぜ」

そして、勢いよく隠れ家を飛び出す2人。

次の瞬間、モノクロの静止画面、いわゆるストップモーションになって、軍の発砲する規則的な一斉射撃の銃声だけが響くというラストシーン、素晴らしかったですね。

2人とも確実に死ぬとわかっていて最後に軽口を叩くなんて、たまらなくカッコいい美学ですね。

「くそったれ！」――加治隆介の兄

僕の作品のなかにも、最期の言葉を言うシーンが出てきます。

『加治隆介の議』という漫画です。

鹿児島一区選出の大物政治家の父の事故死、後継者であるはずの兄の死によって政治家になることになってしまった商社マン、加治隆介が主人公の漫画ですが、その兄の死の場面で、僕は隆介の兄の最期の言葉を書きました。

隆介は、兄が危篤と知って、父の秘書の兄が政界のいろいろなことを知っているだろうと思って聞きに行きます。

このままでは、確実に死ぬ。だから兄は、今まで口に出せなかった秘密をたくさん抱えているに違いないと思った隆介は、死の床にある兄に、耳元で「本当はどうだったんだ」と聞きます。

兄は、口元を動かして、何か言っている。聞こえない。何を言いたいのか耳を近づけると、兄はひと言、「くそったれ」と静かに言ってそのまま死んでしまう――。そんなシーンを描きました。

それは、「人はよく死ぬ間際に本当のことを言って死ぬ」と言うが、決してそうではないのではないか、と思ったからです。むしろ、多くの秘密を抱えて死ぬのが大方の人間ではないでしょうか。

「島、俺のこと、愛しているか」――樫村健三

島耕作シリーズでは、僕はたくさんの「死にざま」を描きました。

初芝の創業者、吉原初太郎の死から始まって、派閥抗争に敗れた宇佐美欣三、女に裏切られた八木尊、マフィアに殺された柳燕生、島が再生させた大物演歌歌手八ツ橋新子、島を逆恨みして島の前で自殺した浜坂、最期に島が実の父親であることを打ち明けたナンシーの死……。

その死にざまは、さまざまですが、自分で言うのもおかしいですが、そのなかでも僕

は、あの樫村健三の最期が特に好きです。

樫村健三は、島耕作の同僚というか、大学時代の友だちで、同期入社の出世頭でもあり、親友でもあったわけです。

樫村には家庭もあり、島がうらやむような順風満帆の生活を送っています。その彼が突然、島に「妻を愛せない」「昔から好きなのはお前だけだ」と告白します。

その樫村がフィリピン支社の社長に赴任して、島耕作も後から赴任し一緒に働きます。そんなある日、ゴルフに行った帰りに、二人の車がテロリストの襲撃を受けてしまいます。

「樫村！　大丈夫か」

運転していた島が振り返ると、むちゃくちゃに撃たれた樫村が後部座席に倒れている。救急車を呼ぶように頼んで、樫村を車から出すんです。そして、血まみれの樫村を抱きかかえる島へ、樫村の最期の言葉。

「島、俺のこと、愛しているか」

そう言った瞬間、ゴボッと大量の血が、樫村の口から飛び出ます。

樫村の死を覚悟した島はこの時、生涯最高のウソをつきます。

「愛してるぞ。お前を愛してる」

そう言われて、樫村が島の手を強く握るシーンです。

「島耕作」のファンのなかには、この場面が好きだと言ってくれる人が多いのはうれしいです。

「なるようにしかならんさ、カカカ」——中沢喜一

島耕作シリーズには、いろいろな上司が出てきますが、島にとって、いつも最高の上司だったのは、最終的に初芝電産の社長になった中沢喜一でしょう。

島耕作が困った時に、最善で最良の決断をしてくれた上司。そんな中沢部長が取締役になり、やがて、一番末席の取締役でありながら、木野会長や大泉社長の推薦で、なんと35人抜きで社長になった時、島耕作がほろりと涙を流したほどでしたから。

大抜擢の理由は、仕事ができるだけでなく、どこの派閥にも属していないので、誰に

も憚《はばか》ることなく言いたいことが言えるということでした。島もこの中沢社長のおかげで部長になり、『部長　島耕作』シリーズが始まりました。

しかし、中沢社長は、会議中に咳がよく出るようになり、言葉がもつれたりすることが多くなります。そして、島に大学病院に行って検査してもらったという話をします。不安そうな島に中沢社長は、こう言って笑い飛ばします。

「なるようにしかならんさ、カカカ」

それからしばらくして、二期連続の赤字で自ら潔く退陣し、相談役になります。最期は、島とよく飲みに行った新宿のバー「ＣＨＡＣＯ」のママとホテルに行った後、突然気分が悪くなって裸でトイレに向かった中沢に、ママが言います。

「フフ……私が頑張らせすぎちゃったかしら」

「カカカ、そうかもな」

中沢はそこで倒れ、救急車で運ばれ、意識不明のまま病院で亡くなります。その意味では、「カカカ、そうかもな」が実際の最期の言葉ですが、島に対しての最期の言葉は「なるようにしかならんさ　カカカ」でした。

ただ、葬儀が終わって、島がバー「CHACO」で飲み過ぎて、ちょっとカウンターでうたたねをした時に、夢の中に中沢が出てきて、「島君、ハッシバをよろしく」と言ったのも、最期の言葉の一つだったかもしれません。

亡くなった方が夢に出てきて自分に何か言ったら、無視できません。どれが最期の言葉だったのか、悩む場合も出てくるわけです。

僕の理想の死に方

ここまでいろいろと書いてきましたが、最終的に、僕の理想とする「最期の言葉」を書いて終わりにしようと思います。

僕は、昔から、みんなの期待を意識して、何か面白いことを言おう、言おうと思っているタイプなので、麻雀をやっていても黙って牌を切りません。必ず、捨てる牌にふさわしい言葉、放送禁止用語も含めて、何か余計なことを言って牌を切ります。

そんな僕ですから、突然死でもしないかぎり、死ぬ時の最期の言葉を言わないわけがないと、勝手に思っています。

たぶん、こんなことになると思います。

まずは、僕の最期の状況から書きますね。


漫画の締切りが近づいたので、なんとか締め切りに間に合わせようとしますが、若い頃と違って、かなり体力が衰えた僕は、なかなか先に進みません。

でも、それこそ老骨に鞭《むち》打って、頑張ります。

(間に合った!)

しかし、その途端、数日間の無理がたたったのか、突然、胸が苦しくなり、いま描き終えたばかりの原稿の上に、咳とともに大量に吐血してしまいます。完成したばかりの原稿の上をドス黒い血が流れていく。

激しい胸の痛みに耐え切れず、僕は真っ赤になった原稿の上に突っ伏してしまいます。

気がつくと、病院のベッドの上。

どうやら、救急車で運ばれたようです。家族や友人の顔が見えます。出版社の編集者の顔もわかりました。本気で心配している顔もあれば、そうでもない顔もありました。

なんだか、かすかに音楽がかかっています。

マーラーの交響曲5番第4楽章のようです。僕が死ぬ時に、かけてくれと頼んでおいた曲でした。

医者がそばにいて、何やら機械がベッド脇に置かれています。心電図と脈拍数が表示され、自分でも死が近いことがわかりました。

すると、突然、再び胸が締め付けられるように苦しくなり、「ああ、死ぬな」と思ったので、集まった人たちに、こう言いました。

「これまで、ずっと隠していて、誰にも話さなかったのだけれど、実は、俺は……」

一瞬、病室に緊張が流れます。これが僕の最期の言葉。ここで、ガクッと事切れたいのです。

まあ、ちょうどいいところで、ガクッといけば大成功なのですが……。

そうなれば、謎が謎を呼び、弘兼憲史は、最期に何を言いたかったのかとツイッターで話題になるのではないかと思っているわけです。

「実は、俺は……」

息もたえだえに、僕が言い、そこで死ぬ。素晴らしい最期の言葉ではないでしょうか。言っておきますが、これ、結構、本気でそうしたいと思っています。

おわりに

この本を読んでいただいた皆さん、ぜひ最期の言葉を考えてみてください。死に方は生き方でもありますから、自然と最期の言葉はその人の人生観なり、思考の癖なりが出ると思います。

それを客観的に距離を置いて見てみると、「俺の最期の言葉がこれでいいのだろうか」と思うこともあるでしょう。きっと、そういう方はまだこの世にたっぷり未練があり、やり残したこともいっぱいあると感じているのだと思います。

僕は、自分の最期の言葉が後世に残るような名文句である必要はまったくないと考える人間です。

できればどうでもいい日常の言葉か、「実は、俺は……」と言ったまま後は言わず、謎めいた言葉を残して、人を煙《けむ》に巻いて死んでいきたいと考えています。

キーワードは「ハッピーエンド」です。

人にとって何がハッピーかは、それぞれ違うでしょう。

ある人は自分の人生を表すようなすばらしい言葉。

ある人は残される人たちへの感謝の言葉。

またある人は、「へこき虫」とか「コンドロイチン」とか意味不明のふざけた言葉を発してあの世へ行くのもいいでしょう。

その人の死後、皆の印象に残れば大成功です。

何も言わないのも一つの手です。要は、自分にとって思い残すことのない言葉、つまりハッピーな気持ちになれる言葉です。

今のうちに、その言葉が何であるか、この本を参考にして考えましょう。

そして、楽しく死を迎えようではありませんか。

２０１５年３月

弘兼憲史

カバーイラスト　弘兼憲史
編集協力　小田豊二
大西華子
編　　集　飯田健之
DTP制作　三協美術

協　　力　有限会社オフィスナイン

いかに死んでみせるか
―― 最期の言葉と自分 ――

2016年4月11日　第1版第1刷

著　者　弘兼憲史
発行者　後藤高志
発行所　株式会社廣済堂出版
〒104－0061　東京都中央区銀座3－7－6
電話 03-6703-0964（編集）03-6703-0962（販売）
Fax 03-6703-0963（販売）
振替 00180-0-164137
http://www.kosaido-pub.co.jp

印刷所
製本所　株式会社廣済堂

装　幀　株式会社オリーブグリーン
ロゴデザイン　前川ともみ＋清原一隆(KIYO DESIGN)

ISBN978-4-331-52007-9 C0295